## 이 책을 만든 사람들

### 로레나 에레라
세바스찬 같은 아들을 둔 엄마이자, 칠레 대학교 철학 교수이다.
현재 유년기에 관한 합동 연구 프로젝트의 관리자이기도 하다.
극작가이자 시인이기도 하며 교육과 예술분야에 관심이 많다.

### 조셀린 페레즈
에이나 미술 및 디자인 학교 아동/청소년 문학 일러스트레이션을 전공했으며,
스페인 바르셀로나 대학교에서 만화와 일러스트레이션으로 석사를 취득했다.
2018년, 그림책 《너무 많은 숨긴 소녀》로 벌새상을 수상했다.
소외된 목소리가 주목받을 수 있도록 그림을 그리고 있다.

### 임수민
메가스터디의 생활과 윤리 연구소인 <현자의 돌>을 운영하고 있다.
윤리 교사와 수험생들이 신뢰하는 전문가로, 생활과 윤리 학습서 베스트 셀러 1위인
《현자의 돌-생활과 윤리 시리즈》의 저자이다.

### 조민경
윤리교육과 영어교육을 공부했다. 현재 서울 동양고등학교 윤리 교사이며,
메가스터디 생활과 윤리 연구소 <현자의 돌>에서 연구 활동을 하고 있다.

---

## 대답 말고 질문 @2024

초판 1쇄 발행일 · 2024년 2월 20일 | 2쇄 발행일 · 2025년 2월 6일
글 · 로레나 에레라 | 그림 · 조셀린 페레즈 | 옮긴이 · 임수민, 조민경
펴낸이 · 윤은숙 | 펴낸 곳 · (주)느림보
편집 · 이선영 | 디자인 · 윤미정
등록일자 · 1997년 4월 17일 | 등록번호 · 제10-1432호
주소 · 경기도 파주시 탄현면 헤이리마을길 48-45
전화 · 편집부 (031)949-8761 | 팩스 · (031)949-8762
블로그 · https://blog.naver.com/nurimbo_pub
인스타그램 · instagram.com/nurimbo_pub
ISBN · 978-89-5876-255-3  74100

**Yo y la filosofia**

@Text Lorena Herrera
@Illustrations Joceline Perez
@La Bonita Ediciones, 2022

Korean translation copyright @ 2024 by Nurimbo Publishing Co.
through VLP Agency, Chile (www.vlp.agency) & Amo Agency, Korea

이 책의 한국어판 저작권은 AMO 에이전시를 통한 La Bonita Ediciones와의 독점계약에 의하여 ㈜느림보에 있습니다.
신 저작권법에 의하여 한국 내에서 보호를 받는 저작물이므로 무단전재와 무단복제를 금합니다.

초등학생을 위한
지식과 생각의 학교 ♥ 철학

# 대답 말고 질문

로레나 에레라 글 • 조셀린 페레즈 그림 • 임수민, 조민경 옮김

느림보

# 차례

**1** 지혜를 사랑한다는 것
4~9

**2** 모른다는 걸 아는 게 똑똑한 거라고?
10~21

**3** 보는 것을 믿을 수 있을까?
22~29

**4** 운명이 우리를 만드는 걸까?
30~39

# 5 나도 하나의 우주야
40~53

# 6 나는 질문한다, 그래서 존재한다
54~57

# 7 초능력자 소크라테스
58~69

# 8 아름다운 공동체
70~79

# 감정을 담은 단어
80~81

# Chapter 1
# 지혜를 사랑한다는 것
## 서양 철학의 시작

안녕? 내 이름은 세바스찬. 열 살이야. 근데 난 가끔 여든 살 할아버지 같을 때가 있어. 어떤 때는 어린 아기 같기도 하고. 너도 그런 적 있니? 이상하게 들리겠지만, 내가 직접 결정하고 싶은 일이 있을 때 난 내가 어른인 척해. 뭐, 보통 때는 내가 어린이라는 게 나쁘지 않지만.

넌 어때? 네 이름은 뭐니? 너는 네 이름 좋아해? 네 이름에는 무슨 의미가 담겨있니?

내 이름은 《끝나지 않는 이야기》라는 책의 주인공 이름과 똑같아. 그런데 시작은 있는데 끝이 없다는 게 말이 돼? 아무리 생각해도 말이 안 되는 거 같아.

끝이 없는 건 바다와 하늘뿐이야. 바다와 하늘은 어디에서 시작해서 끝나는지 아무도 모르잖아. 하늘을 봐. 끝이 없으니까 어디에서나 다 보이잖니? 하늘 없는 곳이 어디 있어? 하늘이 없는 걸 상상할 수 있어?

너무 뻔한 질문만 한다고? 그건 내가 질문을 아주 좋아하기 때문이야. 엄마와 난 매일 서로 질문하고 대답하는 게임을 해. 우리 엄마는 철학자인데, 내가 어떤 질문을 하든 다 상관없대. 질문하는 게 가장 중요한 거래. 그런데 내가 어떻게 질문을 싫어할 수 있겠니? 질문을 많이 할수록 엄마가 좋아하는데!

❓ 네 마음대로 이름을 바꿀 수 있다면, 넌 어떤 이름을 갖고 싶니?

## 철학은 질문이다

### 새롭게 발견하는 즐거움

철학은 수학, 역사, 영어, 미술, 과학 같은 거야. 사람들이 아주 옛날부터 연구해 온 학문인데, 단지 철학이라는 이름이 붙은 것뿐이야. 너와 내 이름처럼.

**철학**이라는 말은 그리스어에서 왔어. 옛날 그리스 사람들은 질문하는 것을 매우 좋아해서 질문하고 질문하고 또 질문했대. 바로 이렇게 질문을 이어가는 학문이 바로 철학이야. 간단하지?

그리스어로 철학은 두 단어를 합친 말이야. 해파리가 영어로 jellyfish잖아. 젤리jelly와 물고기fish를 합쳐서 하나의 단어로 만든 거야. 해파리는 젤리 같은 물고기란 뜻이 담겨 있지. 철학도 그래. 사랑을 뜻하는 그리스어 philo와 지혜를 뜻하는 sophia를 합친 말이 바로 철학Philosophy이야. 그러니까 철학은 지혜를 사랑하는 것이라는 의미를 담고 있어.

알렉산드리아의 히파티아(서기350년~370년경 출생)는 수학과 천문학을 연구한 철학자이다. 역사상 최초의 여성 과학자이다.

### 질문하는 연습

지혜를 사랑한다는 게 무슨 뜻이냐고? 알고 싶고 배우고 싶은 게 많다는 의미야. 항상 새로운 것을 찾아 배우는 것을 좋아한다는 말이지. 지혜를 사랑하게 되면, 이미 안다고 믿었던 것도 사실과 다를 수 있다는 것을 알게 되지.

지혜라는 말은 어디에서 왔을까? 지혜는 보다라는 뜻을 가진 영어 see에서 왔어. 그러니까 철학은 눈에 보이는 것들을 제대로 알자는 의미가 있지. 맛을 본다는 뜻도 있고. 그래서 철학을 배우면, 새롭게 발견하는 즐거움을 느끼고 맛볼 수 있어. 이 즐거움은 수영이나 자전거 타기를 처음 배웠을 때 느꼈던 기쁨과 비슷해. 물론 이런 즐거움을 얻기 위해서는 깊이 생각하고 질문하고, 생각하고 질문하는 연습을 해야 해. 수영과 자전거 타기도 오랜 시간 훈련을 거듭했기 때문에 배울 수 있었잖아.

# 철학은 지식의 어머니

## 놀라움을 느낄수록 지식이 쌓인다

나는 새로운 것을 알게 되는 게 너무 신나. 가끔 가장 좋아하는 과목이 무엇이냐고 물어보는 사람들이 있는데, 사실 쉬는 시간이 최고로 좋지만, 나는 모든 시간이 다 재밌다고 대답해. 왜냐고? 매일매일 여러 가지 새로운 것을 배울 수 있으니까.

엄마는 우리 어린이들 모두가 철학자래. 지금보다 더 어렸을 때, 끝도 없이 질문을 해대서 핀잔을 들었던 거 기억나지? 하늘이 뭐야? 별은 왜 떠 있어? 그런데 우리 엄마는 이렇게 질문하면서 배우는 게 바로 철학하는 거래. 우리는 미술, 수학, 영어, 과학, 음악, 체육 시간에도 철학 하는 중이고, 심지어 노는 시간에도 철학 하는 중이래! 끝없이 질문을 하니까.

## 자연철학자들의 등장

그리스어 **phusis**는 자연이라는 뜻이야. 그래서 옛날에는 철학자들을 자연철학자라고 불렀어. 이것은 그들이 질문의 답을 늘 자연에서 찾았기 때문이야. 그들은 모든 자연 현상의 원인을 자연(그들이 만물의 근원이라고 생각한 물, 불, 공기)에서 찾으려고 애썼어.

캠핑 갔을 때, 별이 가득한 밤하늘을 본 적이 있을 거야. 별이 떼를 지어 넓게 모여있는 거 본 적 있지? 할머니가 은하수라고 부르는 거.

옛날 사람들은 은하수가 아기에게 젖을 먹이던 여신이 젖을 흘려서 생긴 거라고 믿었어. 물론 이것은 사실이 아니라 **신화**야. 그런데 자연철학자들이 등장하기 전까지는 모두 이 말을 사실로 믿었대. 자연철학자들이 은하수가 무엇인지 질문하기 전까지는 다들 그렇게 믿고 있었다는 거야. 자연철학자들은 자연 현상에 대해 쉬지 않고 질문했어. 그리고 그 결과로 천문학, 물리학, 생물학 등 다양한 학문이 생겨났어.

은하수라는 단어는 라틴어 via láctea(milk path, 우유로 만들어진 길)에서 유래했다. 그보다 훨씬 이전 그리스 신화에서는 우유로 만든 원이라고도 했다. 은하수는 수천 개의 별이 모여 있는 별 무리이다.

## 철학의 핵심은 질문

남들보다 자신이 더 과학적이고, 더 인본적이고, 더 예술적이라고 생각하는 사람들이 있어. 그들은 스스로를 과학자, 인본주의자, 예술가라고 소개해. 그리고 대중은 그것을 인정해 줘. 그런데 좀 이상하지 않아? 인간은 모두 자연에서 과학을 배우고, 사람을 중심으로 생각하며, 인생이라는 현실을 창조하고 있는데 왜 자기들만 특별히 그렇게 부르는 걸까? 너도 궁금하지?
예술가는 우리와 무엇이 다른지 알아보자.

## 진짜와 가짜

벨기에 예술가 르네 마그리트는 <이것은 파이프가 아니다 This is Not a Pipe 1929>라는 미술 작품으로 유명해졌어. 이 작품을 보고 사람들이 말했어.
"아니야, 이건 파이프야."
하지만 이렇게 말하는 사람들도 있었어.
"이건 파이프 그림이니까, 진짜 파이프는 아니지."
"그림에 파이프가 있는데, 파이프가 아니라니? 이건 당연히 파이프야."
"어쨌든 이 파이프 그림으로는 담배를 피울 수가 없어. 그러니까 진짜 파이프는 아니야!"
알쏭달쏭하지? 마그리트는 파이프를 하나 그렸을 뿐인데, 사람들은 이게 진짜 파이프인지 아닌지 질문하기 시작했어. 사실 이런 소동은 그림의 제목 <이것은 파이프가 아니다> 때문에 일어난 일이야. 그런데 정답이 무엇인지는 중요하지 않아. 마그리트가 이게 파이프인지 아닌지, 질문을 던졌다는 게 중요해. 사람들은 그 질문 덕분에 깊이 생각하기 시작했고, 다시 새로운 질문을 쏟아냈으니까.
스케이트를 그려서 마그리트 게임을 해보면 어떨까? 노트에 스케이트를 그린 다음 엄마 아빠에게 이게 스케이트냐고 묻는 거지. 진짜 궁금해. 아빠는 뭐라고 대답할까?

이것은 파이프가 아니다

마그리트는 초현실주의 화가로, 꿈의 세계 같은 무의식을 그림으로 표현했다.

사람은 미지의 세계를 알고 싶어한다.

### 르네 마그리트
1898~1967년
벨기에 예술가

# 놀라움의 연속

어린 시절 사진을 한 번 꺼내 봐. 사진 속의 사람이 너일까? 아니면 과거의 너일까? 아니면 과거의 너를 담은 이미지일까? 각각 다른 대답을 하겠지? 답은 중요하지 않아! 철학의 핵심은 질문이야.

우리는 이렇게 끝없이 질문하면서 살아 있음을 느끼고 맛보는 거야. 철학은 놀라움의 연속이지.

너도 어릴 적 사진을 볼 때마다 매번 새로운 것을 발견하고 깜짝 놀라지 않니?

사진은 늘 과거로 가는 타임머신이야. 미래로 여행을 떠나, 인류 역사의 마지막 1년을 사진으로 남기는 일은 도저히 불가능해.

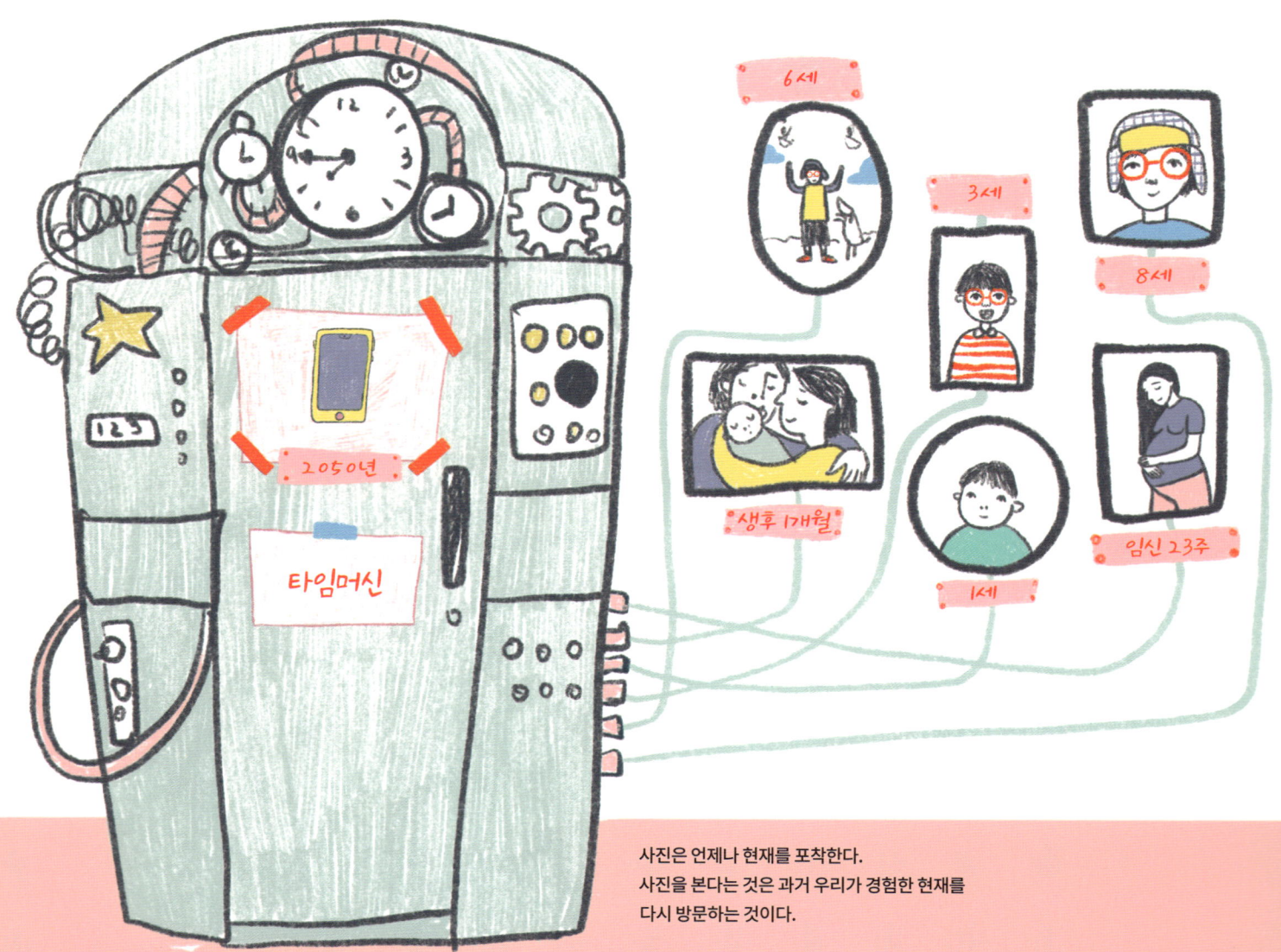

사진은 언제나 현재를 포착한다.
사진을 본다는 것은 과거 우리가 경험한 현재를
다시 방문하는 것이다.

## 숫자 없는 세상이 있을까?

숫자를 셀 때마다, 바로 다음 숫자가 따라온다는 게 이상해. 하나, 둘, 셋, 넷……숫자가 다른 숫자를 물고 오는 것 같아. 숫자가 없다면 생일도 기억할 수 없을걸. 선생님도 우리가 운동장을 몇 바퀴 돌았는지 기억하지 못할 거야. 나는 내 게임 아이템이 몇 개인지도 모를 거야. 첫 번째 기회가 무엇인지 몰라서 두 번째 기회를 달라고 부탁할 수도 없지. 음악도 수학이 없으면 존재할 수 없어. 숫자는 굉장히 중요해.

## 음악에 들어있는 수학과 철학

오래전 **피타고라스**라는 자연철학자가 살았어. 피타고라스는 자연의 소리에 관심이 많았어. 그는 언제나 자신이 원하는 자연의 소리를 듣고 싶어서 끝없이 연구했지.

현이 한 줄인 모노코드라는 악기를 앞에 놓고, 그는 오랜 시간 질문했어. 결국 피타고라스는 모노코드에 있는 한 줄의 현을 각각 열두 가지 다른 길이로 분할해 퉁겨봤어. 수학적 분할을 해 본 거야! 그러자 그 모노코드로 자신이 원하는 소리를 낼 수 있었어. 그는 그 소리들을 이용해 드디어 음악을 만들었지! 피타고라스는 철학적 질문을 거듭하다가 결국 수학을 이용해 음악을 만들었던 거야. 그래서 음악에는 철학과 수학이 함께 들어있다고 말하는 거지.

나는 음악이 좋아. 숫자가 음악에서 중요한 부분이라는 것을 알게 되니까 훨씬 더 좋아졌어.

그런데 음악뿐만이 아니야. 쿠키를 만들 때도 숫자가 들어간다는 거 모르지? 밀가루와 버터, 설탕도 다 숫자로 레시피를 적어. 길을 걸을 때도 숫자로 걸음을 세고, 숨바꼭질할 때도 숫자로 열까지 세지.

과연 숫자가 없는 곳이 있을까?

피타고라스는 철학자일까? 음악가일까? 수학자일까? 아니면 그 모두일까?

피타고라스(기원전 569-475년)는 수학, 음악, 천문학 분야에서 활동한 그리스의 철학자이자 수학자였다.

# Chapter 2
# 모른다는 걸 아는 게 똑똑한 거라고?

**소크라테스 이전과 이후**

쉿! 잠깐 조용히 해 봐. 사촌 동생 로라가 말한 걸 실험해 보고 싶어. 로라네 음악 선생님이 완벽하게 조용한 세상은 없다고 말했대. 어디에나 늘 음악이 있다면서! 이게 말이 되니?

음악은 소리에서 나오지만 소음과는 다르잖아. 그런데 그 선생님은 왜 항상 음악이 들려온다고 말했을까? 혹시 선생님의 귀가 이상해진 게 아닐까?

카르멘 고모는 새들이 지저귈 때마다 커다랗게 소리쳐.
"제발 저리 가! 시끄러워 죽겠다!"
그럼 아빠가 고모에게 말해.
"카르멘, 이건 소음이 아니라 음악이야. 새들은 즐겁게 노래하고 있어."

고모가 짜증을 내.
"노래라고요? 새들이 소리 지르는 게 노래라니!"

## 세상에 음악이 없다면

음악은 항상 우리 곁에 있는 것일까? 엄마한테 물어봤어. 엄마는 대답 대신 독일 철학자 프리드리히 니체의 이야기를 해줬어. 그는 음악이 없는 삶은 불완전하다고 말했대.
나는 니체가 살던 1870년으로 돌아가, 이렇게 말해주고 싶어.
아저씨, 제발 걱정하지 마세요. 로라네 음악 선생님이 그러는데, 음악은 언제 어디서나 항상 들려온대요. 그러니까 아저씨의 삶은 완벽해요.

**프리드리히 니체**
1844~1900년
독일 철학자

음악이 없는 삶은 불완전해.

## 지루하고 심심한 세상

음악이 없는 삶은 정말 불완전할까? 나도 그럴 거 같긴 해. 음악이 없는 세상에서 산다면, 정말 지루하고 심심할 거 같아.
난 고양이를 좋아해. 만약 고양이가 없는 세상에서 산다면 얼마나 심심할까? 상상도 하고 싶지 않아. 또 솜사탕과 친구, 새, 파란색, 자전거, 여름 향기가 없어져도 그런 마음이 들 거야.

넌 어때? 무엇이 없다면, 지루하고 심심해질 거 같아?
친구들과 함께 생각나는 것들을 적어 봐.
서로 비교해 보면 재미있을 거야.

## 완벽하게 조용한 방

세상에는 흥미로운 이야기가 많아. 지금부터 너에게 들려줄 이야기도 그래.

1951년 존 케이지라는 예술가는 정말 완벽한 고요함이 존재하는지 궁금했어. 아주 작은 소리도 들리지 않는, 소음이 전혀 없는 완벽한 고요함이 있는지 알아보고 싶었대.

그래서 존은 **무향실**을 찾아갔어. 무향실은 아무 소리도 들리지 않는 밀실이야.

무향실은 벽과 바닥, 천장 전체가 소리를 빨아들이는 특수 물질로 이루어진 방이지.

존 케이지
1912~1992년
미국 예술가

"할 말이 없다는 말을 해버렸네. 그런데 이게 바로 한 편의 시야!"

### 무향실

너도 웅덩이에 자갈 던져본 적 있지? 자갈이 물 위에 닿는 순간, 자갈 주변의 물이 순식간에 둥그런 모양으로 넓게 퍼져나가는 거 봤지? 그것을 **파동**이라고 해. 소리도 물의 파동처럼 사방으로 퍼지면서 공기를 마구 흔들어댄대. 그러면 사람들의 귀가 소리를 듣게 되는 거래.

무향실은 소리가 파동을 일으키지 못하게 차단한 방이야. 그래서 그 안에서는 절대로 소리를 들을 수 없어.

갑자기 좀 다른 얘기인데, 이 세상에 조용하다는 말이 없다고 상상해 봐. 그럼 선생님은 우리에게 조용히 하라고 말할 수 없을 거야. 조용하다는 말 자체가 없는데, 어떻게 조용히 하라고 할 수 있겠니?

## 몸 안에서 들리는 노래

무향실의 실험은 어떻게 끝났을까? 과연 존 케이지는 무향실에서 완벽한 고요함을 느꼈을까?

무향실에 들어간 존은 두 가지의 소리를 들었대. 아주 부드럽지만, 단 한 순간도 멈추지 않는 두 가지 소리! 무슨 소리일까? 그 소리는 어디서 난 걸까?
그것은 바로 존의 몸속에서 나는 소리였어! 바로 피가 도는 소리와 심장이 뛰는 소리!

그러니까 세상이 아무리 조용해져도 심장 소리는 항상 들려온다는 이야기야. 우리가 살아 있는 한 이 조용한 노랫소리는 절대로 멈추지 않는 거지.
로라네 음악 선생님 말씀이 맞았어!

엄마는 내 몸이 하나의 작은 우주래. 심장은 태양, 뇌는 달, 몸속 장기는 은하수래. 너의 우주에서는 무엇이 태양이니? 지금 그 태양은 무슨 노래를 부르고 있니?

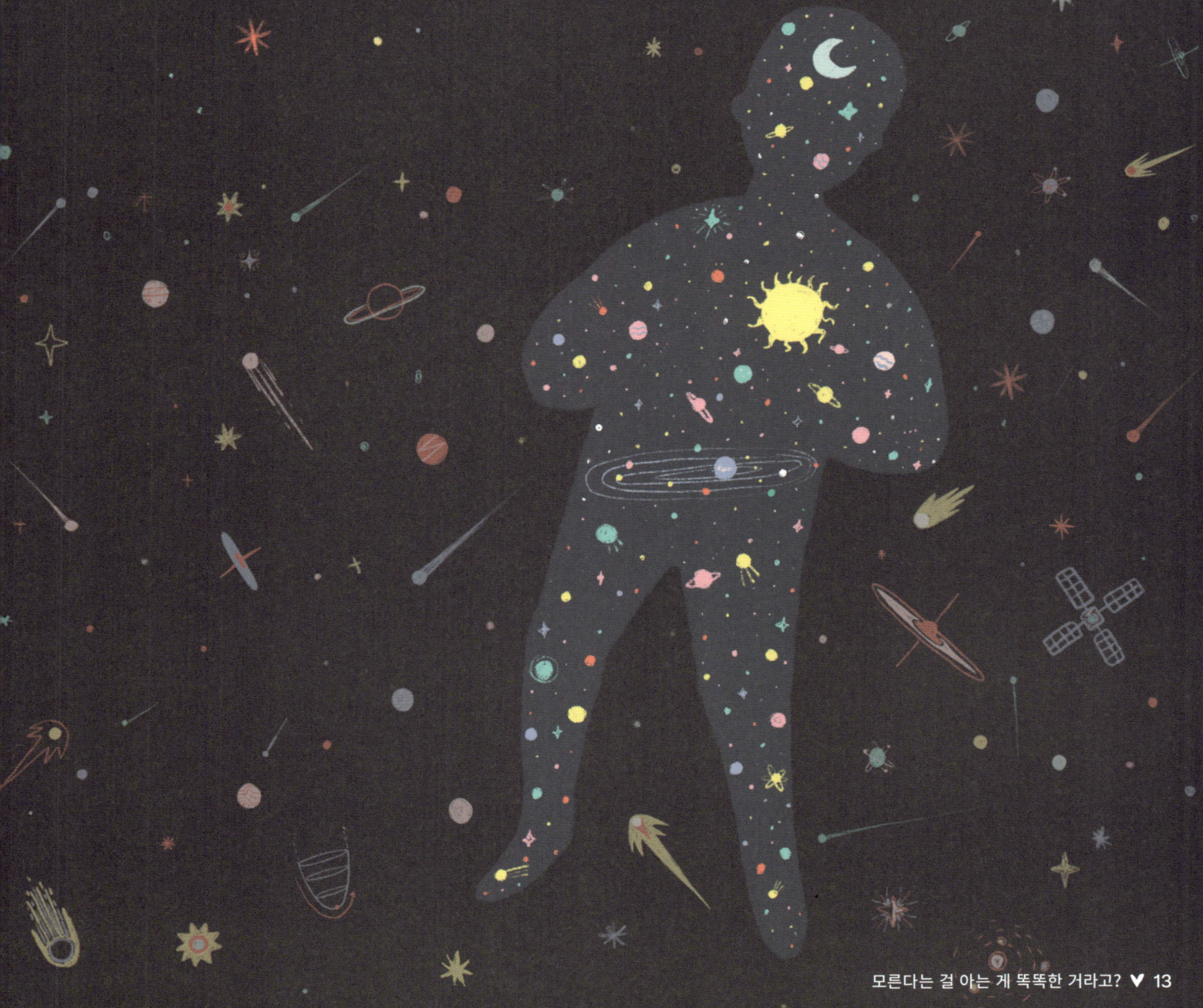

## 당나귀가 구글보다 많이 안다고?

우주는 정말 한 개일까?

나만 이렇게 질문한 게 아니야. 많은 사람이 이런 생각을 해. 이것을 궁금해하는 사람들이 참 많아.

그러니까 내가 질문했다고 해서 그것이 곧 나의 생각은 아니란 거야. 그런데 이런 말도 내가 처음 한 말은 아니야. 내가 생각했는데 내 생각이 아니고, 내가 말했는데 내 말이 아니다? 대체 이게 무슨 말이야? 엄청나게 헷갈리지?

소크라테스라는 철학자는 이렇게 말했어. **내가 알고 있는 단 한 가지는, 내가 아무것도 모른다는 것이다.** 모르는 것을 안다는 것도 아는 것이라고 말할 수 있을까?

처음 이 말을 들었을 때 무척 혼란스러웠어. 안다는 것인지, 모른다는 것인지! 그런데 곰곰이 생각해 보니까 서서히 이해하게 됐어.

소크라테스
기원전 470~399년
고대 그리스 철학자

### 길을 여는 사람들

앞에서 말했던 자연철학자들 기억나지? 자연철학자는 **이전철학자**라고도 해. 소크라테스가 등장하면서, 철학은 자연이 아니라 인간을 탐구하는 학문으로 바뀌었기 때문에 이렇게 구분해서 부르는 거야.

소크라테스 이전의 철학은 이전철학, 소크라테스 이후의 철학은 소크라틱스라고 말해.

이런 것만 봐도 소크라테스가 얼마나 대단한 철학자인지 눈치챘지?

소크라테스는 서양철학에서 가장 중요한 철학자야.

알렉산드리아의
히파티아

소크라테스

## 네 눈동자 안의 우주

소크라테스는 우주가 무엇인지를 질문하기 전에, 먼저 사람이 무엇인지를 질문하라고 했어. 자연철학자들하고는 딴판이지. 그는 사람이라는 작은 우주를 알아야 사람을 둘러싼 거대한 우주도 탐구할 수 있다고 생각했어.

그는 인간이 많이 안다고 생각하지만 실제로는 그렇게 많이 알지 못한다는 것에 주목했어. 결국 모른다는 것을 아는 사람이, 잘 모르면서 많이 알고 있다고 착각하는 사람보다 더 현명하다는 결론에 이르렀지. 무슨 뜻인지 이해할 수 있겠니?

가만히 집중해서 생각해 봐. 너도 그의 말이 맞다고 고개를 끄덕일 거야. 나뿐만 아니라 생각이 있는 사람은 모두 다 소크라테스 말이 맞다고 생각할걸. 네 생각도 그렇지? 아, 뭐, 그 생각이란 게 딱 누구의 것이라고 말할 순 없지만…….

사실 내 생각이라고 자신 있게 말할 수 있는 생각은 없어. 인간은 이 세상 누구도 생각하지 못했던 진짜 새로운 생각을 해낼 수 없어.

소크라테스는 무엇보다 자기 자신을 먼저 알아야 한다고 외쳤어. 거울 앞에 서서, 네 눈동자 안에 든 우주를 봐. 자, 너는 누구니?

# 당나귀 모자

모른다는 것은 무엇일까?

난 어른들이 왜 당나귀라는 별명을 싫어하는지 궁금했어. 엄마한테 물어봤는데, 할아버지가 대신 대답해 줬어. 당나귀는 모르는 게 많거나, 무엇을 아주 힘들게 배우는 사람을 가리킨대.

할아버지가 어렸을 적에는 선생님께 당나귀라는 말을 듣는 게 아주 부끄러운 일이었대. 학생이 올바르게 대답하지 못했을 때, 선생님은 그 아이를 교실 구석에 앉히고 당나귀라고 쓴 고깔모자를 쓰게 했대. 그 애는 얼마나 창피했겠니?

## 실수하지 않고 배울 수 있을까?

철학은 질문이 정말 중요해. 질문이 정답으로 가는 길을 알려주는 건 아니지만, 거짓에서 멀어지게 한다는 건 분명해. 재미있는 얘기 하나!

당나귀가 멍청하다는 것은 거짓이래. 당나귀는 하기 싫으면 절대로 안 한대. 억지로 시키면 절대로 안 한다는 거지. 사람들은 당나귀가 시키는 대로 하지 않으니까, 못 알아들어서 그런 거라고 생각하지만 당나귀는 그냥 하고 싶지 않아서 안 했을 뿐이야. 그것을 보고 사람들은 당나귀가 멍청하다고 믿었어. 과연 누가 더 멍청한 것일까? 당나귀야, 사람이야?

중요한 이야기 하나 더!

당나귀는 어떨 때 사람들에게 관심을 기울일까? 바로 나쁜 대우를 받았을 때야. 당나귀는 자기를 나쁘게 대하는 사람한테는 절대로 순종하지 않아. 그런데 그게 왜 멍청한 거니? 너무 똑똑해서 존경스러울 정도인데! 소크라테스의 말대로 당나귀는 무엇을 하고 싶은지 몰랐을 수 있지만, 무엇을 하고 싶지 않은지는 확실히 알고 있었어.

## 하고 싶지 않은 일

어른들은 넌 커서 뭐가 되고 싶냐고 물어보곤 해. 그런데 사실 이 질문은 조금 이상해. 난 지금 어린이거든. 아직 자라나는 중이라는 거야. 아직 어른이 된 게 아니라고! 아, 나도 알아! 질문하는 사람들이 뭘 알고 싶은 것인지는 알아. 내가 무엇을 좋아하는지, 어른이 되면 어떤 일을 하고 싶은지 물어보는 거잖아?

그런데 지금 난 어린이라서 어른으로서 뭘 하고 싶은지 미리 알 수가 없다는 거야. 질문이 잘못됐다는 이야기지. 대신 어른들은 이렇게 물어봐야 해. 네가 컸을 때 하고 싶지 않은 일이 무엇이니? 그럼 나는 우주 비행사는 절대로 되지 않을 거라고 대답할 수 있어. 로켓 안이 너무 좁아서 싫으니까. 나는 달리고, 점프하는 걸 진짜 좋아해.

넌 어때? 커서 하고 싶지 않은 일이 뭐야?

아무것도 모른다는 것을 알면 현명해질 수 있을까?

### 미래를 미리 안다면

미래의 모습을 알 수 있는 **신전**이 있었으면 좋겠어. 너도 신전이 무엇인지는 알지?

신전은 기원전 4세기에 그리스 사람들이 만든 장소야. 점쟁이들과 이야기하던 곳이지. 예전 그리스 사람들은 **다신론자**라서 여러 신들을 믿었대.

신전에는 신들과 직접 이야기를 나눌 수 있다고 주장하는 점쟁이들이 살고 있었어. 그들은 미래에 겪게 될 일이나 사회에 영향을 줄 일들을 미리 알려주곤 했지.

소크라테스도 델포이 신전에서 점쟁이를 만났어. 점쟁이는 소크라테스에게 아테네에서 가장 현명한 사람이라고 했대. 소크라테스는 자기가 왜 가장 현명한 사람인지 이해할 수 없었어. 자기는 아는 것이 없다고 생각했기 때문이야.

그러나 시간이 지나면서 서서히 깨닫게 되었지. **알지 못한다는 것을 아는 사람이 모든 것을 안다고 믿으며 배움을 멈춘 사람보다 훨씬 더 현명하다는 것을!**

### 마푸체족의 시간

얼마 전 정말 신기한 이야기를 들었어. **마푸체족**은 우리와 시간 개념이 반대라는 거야. 보통 과거는 지나간 시간이기 때문에 뒤에 있고, 미래는 앞으로 다가올 시간이기 때문에 앞에 있다고 생각하잖아?

그런데 마푸체족은 과거를 앞에 있는 시간으로 생각하고, 미래를 뒤에 있는 시간으로 여긴다는 거야. 그들은 부모, 조부모와 함께 한 현실적 시간을 **앞**으로, 무슨 일이 일어날지 모르는 예측 불가의 시간을 **뒤**라고 생각한대.

인간 누구나 미래는 볼 수 없지만, 과거는 확실히 들여다볼 수 있어. 그런 의미에서 마푸체족의 시간 개념도 나름 일리가 있는 거 같아.

지금보다 어렸을 때, 어제와 내일을 이해하는 게 참 힘들었어. 모레는 진짜 너무 어려웠지! 그래서 엄마한테 몇 밤을 더 자야 생일인지 묻곤 했어. 너도 그랬지?

### 동물들도 요일을 알까?

동물들도 시간이 흐른다는 것을 알까?

내가 키우던 암탉은 날이 밝으면 모이를 먹고, 밤이 되면 나뭇가지 위에 올라가 잠을 잤어. 하지만 암탉이 일요일과 월요일을 구별하지는 못했을 거 같아. 내 고양이도 요일은 모르는 것 같아. 가끔 일요일에는 좀 더 게으름을 피우는 거 같긴 하지만.

그런데 동물들은 어떻게 시간을 아는 걸까? 시간의 흐름을 이해하는 것일까?

마푸체족에게 과거는 이미 지나간 시간이 아니라 미래로 나아갈 힘을 주는 시간이다. 이것이 그들의 문화이고 역사이다. 그들의 과거와 현재, 미래는 둥근 원처럼 순환하고 있다.

## 아는 것, 인식하는 것, 믿는 것

**인식론**

난 동물들에게도 시간이라는 게 있다고 믿어. 무엇을 믿느냐에 따라 답이 달라지겠지만, 난 그렇다고 생각해. 물론 동물의 시간은 사람의 시간과 다른 것일 거야. 나는 내 고양이와 대화를 나누고 있다고 믿지만, 진짜 이야기를 나누는 것인지는 몰라. 그냥 그렇다고 믿을 뿐이야. 그렇게 생각하는 게 기분 좋아.

무엇을 이해하려면 어떻게 해야 할까? 철학에서는 **인식론 epistemology**이라는 이론이 있어. 이 단어 역시 **그리스어에서 온 단어야**. 지식을 의미하는 **에피스테메 episteme**와 **연구를 의미하는 로고스 logos**를 합친 말이지. 그러니까 인식론은 **지식을 탐구하는 거야**. 어렵게 들리겠지만, 인식론은 생각보다 간단해.

무엇을 안다는 것은 그것을 경험한다는 것과 다른 말이야. 그것을 믿는다는 것과도 다른 말이지.

무엇을 안다는 것은 사실 정말 그런 것인지 직접 확인한 게 아닐 수 있어. 태양이 태양계의 중심에 있다는 것을 알지만, 정말 그것을 확인한 적은 없잖아. 로켓을 타고 우주까지 가 본 것은 아니니까. 하지만 훌륭한 과학자들 덕분에 태양계 중심에 태양이 있다는 것을 알지.

난 강아지가 어떤 동물인지 **알고**, 무엇이 강아지인지 **인식해**. 무엇인가를 **인식**한다는 것은 그것을 보고, 만지고, 냄새를 맡을 수 있다는 의미야. 그것이 강아지라는 것을 직접 확인할 수 있다는 뜻이지. 물론 내 강아지는 냄새가 좋지 않아. 하지만 난 그 냄새를 정말 사랑해.

## 과학과 믿음 사이

무엇을 믿는다는 것은 멋진 일이야. 굳이 검증할 필요도 없이 강한 확신이 들 때, 믿음만큼 완벽한 감정은 없어.
**종교는 믿음이 전부야.** 사람들은 신의 존재를 확인할 수 없지만, 신이 존재한다고 굳게 믿어. 그런데 신기하게도 여신은 없어. 아직 여신을 믿는 사람들은 보지 못했어.
여하튼 그들이 믿는 신은 슈퍼파워를 가진 초능력자야. 신은 세상에 존재하는 모든 것을 다 만들었고 마음만 먹으면 모든 것을 모조리 다 파괴할 수도 있대.
나도 작은 믿음을 갖고 있어. 사람과 동물이 소통할 수 있다고 믿어. 난 매일 내 고양이와 대화를 해. 하지만 과학자가 우리집까지 와서 직접 확인할 필요는 없어. 난 내가 고양이와 서로 통하고 있다는 것을 마음속 깊이 느끼고 있지. 내 우주의 태양인 심장이 강하게 느끼는 거야.

언젠가는 사람과 동물이 서로 소통한다는 것을 증명할 수 있지 않을까? 지구가 둥글다는 것을 아무도 믿지 않던 시대에도 끝까지 지구는 둥글다고 외쳤던 크리스토퍼 콜럼버스라는 사람이 있었어. 그는 결국 자신의 믿음을 증명했어. 과학과 믿음은 사실 매우 가까운 친구 사이야.

야옹

# 생각하기 놀이

간단한 게임 하나 해볼까? 넌 네가 아는 것인지, 인식하는 것인지, 믿는 것인지 구분할 수 있니?
물론 정답은 없는 게임이야. 소크라테스의 말처럼, 너 자신을 알기 위해서 하는 게임이지.

**지구가 둥글다는 것을 아니?**
인식하니? 믿고 있니?

**일몰이 무엇인지 아니?**
인식하니? 믿고 있니?

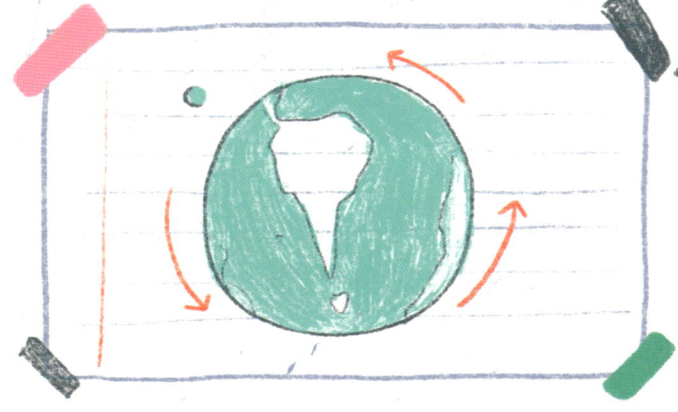

**일요일이 일요일이라는 것을 아니?**
인식하니? 믿고 있니?

**외계인을 아니?**
인식하니? 믿고 있니?

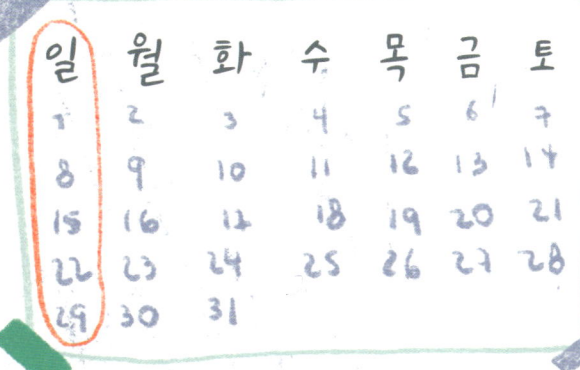

**상상 속 인물을 아니?**
인식하니? 믿고 있니?

나를 알기 위한 첫 번째 단계는 내가 진짜 아무것도 모른다는 것을 아는 거야.

모른다는 걸 아는 게 똑똑한 거라고? ♥ 21

# Chapter 3
# 보는 것을 믿을 수 있을까?
## 플라톤의 이상세계

**육체의 감옥**

어젯밤부터 목이 가렵고 따갑더니, 오늘은 침을 삼킬 때마다 귀까지 아팠어. 감기에 걸린 거야. 병원에 갔더니 일주일 동안 푹 쉬래. 꼼짝 말고 가만히 누워 있으래.

정말 싫어. 밖으로 나가서 신나게 뛰어놀고, 자전거도 타고 싶어. 친구들과 함께 놀고 싶어. 하지만 친구들에게 감기를 전염시킬 수는 없잖아? 그래서 나는 지금 집 안에 갇힌 죄수 신세야.

가장 짜증 나는 게 무엇인지 아니? 내가 이렇게 답답해하는 걸 어른들은 이해하지 못한다는 거야.

내가 불평하자 엄마가 말했어. 누구보다 상상력이 풍부한 네가 심심할 리 있겠니? 어른들은 상상력 하나면 모든 문제가 다 해결되는 줄 알아.

말도 안 돼. 그게 사실이라면, 왜 어른들 대신 우리 어린이가 세상을 지배하게 놔두지 않는 거야?

## 사물의 삶

상상력은 샘물처럼 마구 솟아나는 게 아니야. 어른들은 어린이의 머릿속에서 항상 새로운 무엇인가가 솟아 나오는 줄 알지만, 그럴 리가 있니? 상상력을 발휘하려면 반드시 생각할 시간이 필요한데 그걸 모르는 것 같아.

어른들은 늘 시간이 없다고 말하지. 심지어 우리 할아버지는 이제 시간이 얼마 남지 않았다는 말을 입에 달고 살아. 그래서 어른들이 우리보다 상상력이 부족한 것일까?

하루 종일 방에만 갇혀서 지내니까, 마치 내가 침대나 책상 같은 물건으로 변한 것 같았어. 엄마한테 이제부터는 나를 사물 왕국의 신하라고 부르랬지. 가구나 장식품 같은 물건이 하나 더 생긴 셈 치라고 했더니 엄마가 웃으면서 말했어. 와, 우리 아들은 실존주의자네!

실존주의자? 그게 무슨 말이지? 걱정하지 마. 나도 실존주의자라는 말은 처음 들었어. 그럼 이제부터 함께 알아보자.

**어떻게 생각해?**

어린이는 원래 어른보다 더 상상력이 풍부하다고 생각해? 아니면 어른보다 생각할 시간이 많아서 상상력이 풍부한 거라고 생각해? 혹시 우리는 어른과 다른 종류의 시간을 보내는 게 아닐까?

## 사물의 기분

내가 의자로 변하면 다른 사람들이 내 위에 털썩 앉겠지? 만약 내가 의자와 말을 나눌 수 있다면, 의자에게 너도 자전거를 타고 싶냐고 물어볼 거야. 또 낡은 장난감한테도 묻고 싶어. 사랑을 잃는다는 게 얼마나 슬픈 일인지…….

사물은 시간이 지나면서 점점 변해. 그 시간 동안 사물도 무엇인가를 느끼지 않을까? 바위를 봐. 바위는 아주 천천히 수천 년 동안 변해. 느리지만 계속 변하지. 인간처럼 바위도 살아있는 게 아닐까?

눈을 감고 커다란 바위가 된 상상을 하면서 바위의 마음을 느끼려고 애썼어. 나는 바위다!

그런데 엄마가 내 상상을 중단시켰어. 엄청나게 크고 무거운 책을 가지고 와서 아름다운 우주 사진을 보여준 거야. 엄마가 우주 이야기를 꺼내자, 마치 내 몸에서 날개가 돋아나는 느낌이 들었어. 왜 이렇게 갑자기 기분이 좋아질까? 엄마는 내가 느끼는 게 실존주의래. 정말 무슨 뜻인지 모르겠어. **실존주의는 인간의 한계를 뛰어넘어 주체적으로 생각하는 사상이래.** 인간의 자유와 책임, 주관을 중요하게 생각하는 철학이래.

# 꼼짝하지 않으면서도 창조하다

## 상상한다는 것은 생각하는 것

우주의 위대한 비밀을 발견한 사람이 있어. 그 사람의 이야기를 알고 있니?

그는 바로 영국 과학자 스티븐 호킹이야. 스티븐 호킹은 나처럼 감기에 걸린 정도가 아니라 아예 기본적인 운동 능력까지 모두 잃어버리는 끔찍한 병에 걸렸어. 나중에는 눈동자만 겨우 움직일 수 있었대.

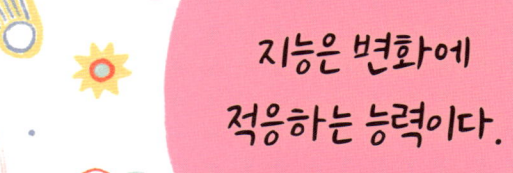
지능은 변화에 적응하는 능력이다.

스티븐 호킹
1942~2018년
영국 과학자

## 인간의 한계를 뛰어넘는 상상력

호킹의 이야기는 너무 끔찍했어. 엄마는 왜 사물로 변한 나를 더 우울하게 만들지? 호킹의 병에 비하면 감기 정도는 아무것도 아니라는 말을 하고 싶은 걸까? 그런데 사실 엄마는 호킹이 실존주의자니까 알아보라는 거였어. 호킹의 책을 다 읽고 나자, 그가 보통 사람들보다 훨씬 더 자유롭고 주체적인 사람이라는 생각이 들었어. 엄마 말대로 실존주의자가 맞아!

스티븐 호킹은 평생 우주를 생각하고, 상상하고, 창조하면서 탐구했어. 그는 과학, 지식, 학문, 철학 등 그가 사랑하는 모든 도구를 열정적으로 사용해 마침내 우주의 비밀을 밝혀냈어.

## 혼란과 놀이

감기 때문에 불평했던 내가 바보 같았어. 그러는 한편 몹시 혼란스러웠어. 겨우 눈동자 하나만 움직일 수 있는 사람이 어떻게 이런 업적을 쌓았을까? 정말 믿어지지 않았어. 그때 할아버지의 말이 떠올랐지. 혼란스러울 때는 심각하게 생각하지 말고, 그냥 그것을 가지고 놀아 보렴. 할아버지는 그냥 혼란과 즐겁게 놀라고 말했어. 그래서 한번 진심으로 놀아보기로 했어. 그러면 나도 호킹을 이해할 수 있을지 모르니까.

먼저 정사각형과 주사위, 혼란 카드로 게임 보드를 만들었어.

### 첫 번째 혼란

스티븐 호킹은 몸을 전혀 움직일 수 없었다. 그런데 어떻게 마음을 움직일 수 있었을까? 몸과 마음은 분리될 수 있는 것일까? 마음이 뇌 속에 있다면? 그런데 뇌도 몸의 일부이다. 그럼 마음을 움직이는 것은 몸일까?

마음이 몸과 상관없이 각각 따로 움직인다면, 그 마음의 주인이 나라고 할 수 있을까?

아니면 그 마음은 내 몸에 잠시 착륙했다가 떠나가는 여행자일까?

### 두 번째 혼란

호킹을 통해 인간은 한계를 뛰어넘을 수 있다는 것을 알았다. 하지만 나는 왜 여전히 죄수처럼 답답할까? 자유롭다는 것은 무슨 의미일까? 단순히 몸을 자유롭게 움직일 수 있다는 뜻일까? 친구들과 밖에서 노는 것보다 집 안에 있는 게 왜 더 지루하고 심심할까?

혼자 있으면 더 자유로워질까? 친구나 동물 없는 세상에서 사는 게 과연 더 자유로울까?

집밖에 나갈 수 없어서, 친구들과 놀 수 없어서 죄수처럼 느끼는 것일까? 그렇다면 자유는 대체 무엇일까? 내가 자유롭다는 것은 어떻게 알 수 있을까? 자유는 몸의 어느 부분에서 느끼는 감각일까?

생각을 거듭할수록 점점 더 혼란스러워졌어. 하지만 쉬지 않고 생각을 계속 이어 나갔어. 그러자 신기하게도 조금씩 즐거워지고 조금씩 더 자유로워졌어. 아픈 것이나 갇혔다는 느낌을 잊을 정도로!

생각이 우리를 자유롭게 만드는 것 같아. 넌 어떻게 생각해?

# 이상적 세계

### 플라톤의 이야기

난 생각할 때마다 상상해. 생각하기 위해서는 상상부터 해야 하거든.

방금 창문 커튼 뒤에서 작은 새가 움직였어. 아저씨가 몸을 움직이자, 그의 어깨 위에 앉아 있던 새가 폴짝 날아올랐지. 저 새는 자기가 자유롭다는 것을 알까? 새장에 갇혀 본 적이 없는데 어떻게 자유를 알겠어? 나는 얼른 나아서 밖으로 나가고 싶다는 생각이 들었어.
밖으로 나가는 날, 가장 먼저 하고 싶은 일이 떠올랐어. 그네를 타고 하늘 높이 날아오르는 것!

오랫동안 밖으로 나가지 못했는데, 다시 자유로워진다면 가장 먼저 무엇을 하고 싶니?

### 마음씨 좋은 아저씨

방 안에 누워있는 동안 난 매일 커튼이 쳐진 창문을 바라봤어. 눈동자 하나만 움직일 수 있었던 스티븐 호킹을 떠올리면서.

그는 망원경으로 우주를 바라봤지만, 나는 창문에 비치는 마음씨 좋은 아저씨 모습을 바라보았어.
어떤 날은 작은 새가, 어떤 날은 고양이가 아저씨에게 다가왔어. 또 강아지와 도마뱀이 찾아오는 날도 있었어. 아이들은 아저씨 팔에 매달려서 놀았어. 나도 아저씨와 함께 놀 수 있는 날이 오겠지?

# 진실의 그림자

내가 본 것이 진실일까?

집에서 나갈 수 있게 된 첫날, 난 마음씨 좋은 아저씨의 품으로 얼른 뛰어들고 싶었어.

문을 활짝 열었는데, 거기에는 아무도 없었어. 고목 나무 한 그루만 서 있을 뿐이야. 순간 나는 아저씨가 멀리 떠나버렸다는 생각이 들었어. 섭섭하고 아쉬워서 화가 났어. 엄마는 그런 감정이 바로 무기력함이라면서 이렇게 말했어. 갑자기 왜 그렇게 무기력해졌니?

그때였어. 고목 위에 앉아 있던 작은 새가 노래했어. 아저씨 어깨 위에 앉아있던 바로 그 작은 새야. 고양이는 펄쩍 뛰어 나무줄기를 타고 올라갔어. 도마뱀 한 마리는 나뭇가지 위에 길게 누워 일광욕을 즐기는 중이고.

"야, 세바스찬! 감기 다 나았구나!"

친구가 원숭이처럼 나뭇가지에 대롱대롱 매달려 있었어.

이게 뭐지? 나는 정말 깜짝 놀랐어. 그동안 내가 본 것은 아저씨가 아니라 창문에 비친 고목 그림자였어!

깜빡 속은 느낌이 들어서 조금 짜증이 났지만 친구와 도마뱀, 고양이와 작은 새 모두 행복해 보여서 금방 마음이 풀렸어.

내가 커튼을 통해 본 것은 아저씨가 아니라 고목의 그림자였어. 그 그림자를 아저씨라고 상상한 것은 바로 나 자신이지!

보는 것을 믿을 수 있을까?

## 믿음에 갇힌 죄수들

**플라톤**은 그리스의 대표적 철학자로 소크라테스의 제자야. 그는 이데아론을 주장했어. 이데아는 현상 세계 밖의 세상이며, 모든 사물의 근원이자 본질이래. 이데아는 오직 인간의 이성으로만 알 수 있는 진실이라고 했어.

플라톤은 동굴의 비유로 이데아를 설명했어.

동굴 안에서 태어나 항상 사슬에 묶여 사는 사람들에 대한 이야기야. 이 동굴에는 절대로 뒤돌아볼 수도, 움직일 수도 없는 인간들이 살고 있어. 동굴 안에는 모닥불이 타고 있는데 사람들은 오로지 모닥불의 그림자만 볼 수 있지. 그래서 사람들은 모닥불 그림자를 사물의 본모습으로, 즉 진실로 인식해. 그러나 그것은 허상, 즉 거짓이지.

어느 날 그들 중 한 사람이 동굴에서 탈출했어. 이제 그는 그림자가 아니라 진짜 모습, 즉 이데아를 볼 수 있게 돼. 그러니까 진실을 찾으려면 반드시 동굴 밖으로 나가야 하는 거야.

> 지혜로운 사람은 항상 자신보다 더 나은 사람과 함께 있고 싶어 한다.

**플라톤**
기원전 427~347년
고대 그리스 철학자

평생 동굴에서 살던 사람은 밖으로 나와 태양을 마주하는 순간 눈이 멀게 된다.
그림자만 보고 살았기 때문에 막상 진리를 마주해도 내 것으로
받아들이기가 쉽지 않다는 의미이다. 하지만 진리를 똑바로 바라볼 방법이 하나 있다.
지금 우리가 하는 것처럼 철학을 배우면 된다.

## 너의 동굴

플라톤은 인간 스스로 만든 헛된 믿음이 자신을 사슬로 꽁꽁 묶는다고 생각했어. 나도 침대에 누워 창문 밖을 바라볼 때, 분명히 아저씨를 보았다고 믿었어. 그 믿음을 조금도 의심하지 않았지. 그런데 사실은 고목이었잖아? 내가 밖으로 나가지 않았다면 지금까지도 아저씨를 봤다고 굳게 믿고 있을 거야.

보는 대로 믿으면, 그 믿음이 곧 그림자를 만들게 돼. 그림자는 사슬처럼 우리의 자유를 가로막지. 반드시 이성으로 깊이 생각할 줄 알아야 진실을 볼 수 있어. 플라톤은 이성으로 그림자를 없앨 수 있다고 말했어.

어린 시절 나는 물을 무서워했어. 그래서 내내 수영을 할 수 없을 거라고 믿었지. 하지만 어떤 계기로 더는 물을 무서워하지 않게 됐어. 수영은 이제 내가 가장 좋아하는 운동이야.

혹시 너도 동굴 속에서 살고 있니? 어떻게 하면 동굴에서 벗어날 수 있을지 이성적으로 생각해 봐.

# Chapter 4
# 운명이 우리를 만드는 걸까?

## 자유를 찾아서

복잡한 문제가 하나 생겼어. 며칠 전 옆집 폴라에게 함께 축구하자고 했거든. 폴라는 아빠한테 허락받으러 달려갔지. 그런데 폴라 아빠가 축구는 남자 운동이라면서, 폴라에게 축구를 못하게 했어. 나는 폴라에게 그건 사실이 아니라고 했어. 여자 축구 선수들도 많고, 유명한 여자 축구팀도 있다면서. 그러나 폴라의 어깨는 축 늘어졌어.

## 동굴의 죄수

폴라 아빠는 좋은 사람이지만 너무 불공평한 거 같아. 여자는 왜 축구하면 안 된다는 거지? 축구가 위험한 운동도 아닌데 왜 그러는 걸까?
그때 플라톤의 동굴이 떠올랐어. 폴라 아빠 역시 그림자만 바라보는 동굴 속 죄수가 아닐까? 그림자만 믿기 때문에, 폴라에게 피해를 주고 있는 거라면? 폴라의 자유까지 빼앗는 거라면? 이것은 옳지 않아.

## 자유도 위험할 수 있을까?

### 불은 위험해

나도 자유를 빼앗겼다고 느꼈던 적이 있어. 여러 번 있었지만, 매번 같은 일 때문은 아니었어. 원하는 게 정말 위험한 일일 때도 많았거든.

성냥불로 종이를 태우는 거 같은 놀이. 종이가 화르르 타오르는 모습이 신기해서 자주 불장난을 쳤어. 그러다 거의 집을 태울 뻔한 적이 있었어. 그러자 엄마는 성냥을 갖고 노는 것을 금지했지. 성냥은 장난감이 아니라 어른들만 사용할 수 있는 생활 도구라고 설명해 줬어.

처음에는 화가 났어. 내가 좋아하는 것을 못 하게 막으니까. 어른들만 불장난할 수 있다는 게 속상했어.

하지만 지금은 다 이해해. 그때 난 혼자서 불을 다룰 준비가 되어 있지 않았어. 나는 물론 다른 사람들까지 다치게 할 수 있었기 때문이지.

하지만 축구는? 축구는 전혀 다르지. 폴라가 축구한다고 해서 누가 다치지는 않잖아?

## 길을 여는 방법

폴라 아빠는 왜 여자는 축구해선 안 된다고 믿는 걸까? 축구는 발로 공을 차는 게임일 뿐인데! 여자라서 축구를 금지한다고? 성별이 자유를 빼앗는 기준이 되다니! 너무 불공평해.

이 문제를 해결할 방법을 곰곰이 생각하다가 멋진 아이디어가 떠올랐어!

내가 첫 번째로 해야 할 일은 **길을 여는 것이야!**
서둘러 목록을 작성했어. 내가 자유를 빼앗겼을 때를 적었지. 내가 이해한 경우와 아직도 도저히 이해가 안 되는 경우까지 다 썼어.

### 내 자유를 빼앗은 이유가
**이해되는 경우:**

- 성냥을 가지고 놀았을 때
- 전기 콘센트에 철사를 꽂으려고 했을 때
- 냉동실 벽에 혀를 댔을 때
- 달팽이를 짓밟으려고 했을 때
- 아기인 사촌 동생의 머리카락을 가위로 자르려고 했을 때
- 고양이 꼬리를 잡아당겼을 때

### 내 자유를 빼앗은 이유가
**이해 안 되는 경우:**

- 공원에서 넘어져서 우는데, 사람들이 남자는 우는 게 아니라면서 울지 말라고 했을 때
- 친구와 싸우고 싶지 않은데, 맞서 싸우지 않으면 여자애처럼 보일 거라고 말했을 때
- 대통령 선거 날 투표하고 싶은데, 아직 만 18세가 되지 않았다면서 투표할 수 없다고 했을 때
- 공원에 놀이 기구를 설치하겠다면서, 아무도 우리가 어떤 놀이 기구를 원하는지 묻지 않았을 때

너도 목록을 만들어 봐. 아마 나와 공통점이 많아서 깜짝 놀랄걸.

## 우는 것도 권리

내가 적은 목록을 꼼꼼히 살펴봤어. 그리고 아주 중요한 사실을 깨달았어. 내가 자유를 빼앗기고도 이해한 경우는 모두 공통점이 있었지. 위험에 처하게 되거나, 다른 누군가에게 해를 줄지도 모를 때뿐이었어.

그런데 아직도 이해할 수 없는 경우는 달랐어. 내가 당연히 누려야 할 권리를 빼앗긴 거였지! 마땅히 누려야 할 권리를 빼앗겼는데 어떻게 이해할 수 있겠냐고?

사람들은 대체 무슨 권리로, 내가 남자라는 이유로 울어서는 안 된다고 억압했던 거지? 무릎을 다쳐서 우는데, 남자가 무슨 상관이야?

남자, 여자 상관없이 사람은 누구나 자기가 원하는 대로 자유롭게 선택할 권리가 있다고 주장한 철학자가 있어.

투표할 수 없음.
남자는 울어서는 안 됨.
아이들의 의견은 중요하지 않음.

*내 자유를 빼앗은 이유가 이해되는 경우:*
① 성냥을 가지고 놀았을 때
② 전기 콘센트에 철사를 꽂으려고 했을 때
③ 냉동실 벽에 혀를 댔을 때
④ 달팽이를 짓밟으려고 했을 때
⑤ 아기인 사촌 동생의 머리카락을
⑥ 고양이 꼬리를

*내 자유를 빼앗은 이유가 이해 안 되는 경우:*
① 공원에서 넘어져서 우는데, 사람들이 남자는 우는게 아니라면서 울지 말라고 했을 때
② 친구와 싸우고 싶지 않은데, 맞서 싸우지 않으면 여자애처럼 보일 거라고 말했을 때
③ 대통령 선거 날 투표하고 싶은데, 아직 만 18세가 되지 않았다면서 투표할 수 없다고 했을 때

## 선택의 자유

**시몬 드 보부아르**는 프랑스의 유명한 철학자이자 작가야.

보부아르는 단지 여자라는 이유로 금지하는 것들을 도저히 받아들일 수 없었어. 어린 보부아르에게 사람들은 항상 이렇게 말했어.

**너는 여자니까! 너는 어리니까!**

보부아르도 폴라의 처지와 다름없었어. 여자라는 이유로, 키가 작다는 이유로 하고 싶은 것을 금지당한다면 어떤 기분이 들까?

> 자유로움은 모든 사람의 자유를 원한다.

**시몬 드 보부아르**
1908년~1986년
프랑스 철학자

시몬 드 보부아르의 위대한 싸움은 단지 여자라는 이유로 불공정하게 대하는 사람들 때문에 시작됐어. 물론 보부아르가 여자의 입장이었기 때문에 남자보다 더 예민하게 분노했을 순 있어.

하지만 분노는 절대로 나쁜 감정이 아니야. 보부아르처럼 분노를 좋은 방향으로 발전시키면, 세상을 올바른 방향으로 변화시킬 수 있어.

여자와 남자를 차별하는 세상에 대한 보부아르의 분노가 인류의 질서를 바로 세웠거든. 보부아르는 오늘날까지도 정의로운 사회를 추구하는 사람들에게 힘을 주고 있지. 그녀가 시작한 페미니즘 운동은 지금도 활발하게 펼쳐지고 있어.

## 어린이는 작은 어른이 아니다

보부아르는 사람들에게 이렇게 외쳤어.

남자아이나 여자아이도 사람이라는 것을 잊지 마세요! 그들이 단지 어른이 되기 위한 과정에 있는 사람이라고 여기지 마세요! 다섯 살 남자아이와 여자아이도 의무와 권리를 가진 사람이라는 것을 잊지 마세요!

너도 어린 보부아르가 느꼈던 감정을 이해할 수 있지? 여자아이이기 때문에 불완전하고 열등하다고 무시하는 사람들에게 어떻게 분노하지 않겠니?
나는 함께 놀이할 때, 어린이라고 일부러 져주는 어른들을 보면 화가 나. 그렇게 이기게 되면 진짜 두 번 지는 느낌이 들거든. 아쉽게 지더라도 난 내가 얼마나 노력했는지 알고 싶어.

> 너는 어떤 게 좋아?
> 무슨 일이 있어도 네가 이기는 것?
> 열심히 싸웠지만 아쉽게 지는 것?
> 상대가 일부러 이기게 해줬을 때, 과연 이겼다고 느낄 수 있을까?
> 상대가 약해 보인다고 일부러 이기게 해주는 게 공정할까?

? 승리와 패배가 동시에 일어날 수 있다.

## 그림자 없애기

폴라의 기운을 북돋아 주고 싶어서 집으로 찾아갔어. 폴라네 집 앞 나무 그늘에 앉아 오랫동안 이야기를 나눴지. 폴라는 아빠가 자기를 사랑하지 않는다면서 슬퍼했어. 폴라가 행복해지는 것을 막았기 때문이야.

나는 그렇지 않다고 말했어. 네 아빠의 이상한 결정이 널 사랑하지 않는다는 의미는 아니야. 아빠도 폴라가 행복하기를 바라지만, 자기가 믿는 그림자에 사로잡혀서 그러는 거라고 얘기해줬어. 플라톤이라는 철학자가 다른 사람에게 해를 끼치는 사람은 나쁜 사람이어서가 아니라 자신이 해를 끼치고 있다는 사실조차 모르기 때문이라고 했다는 말도 해줬어.

너도 기억나지? 플라톤은 합리적인 생각(이성)이 그림자를 없애는 최선의 해결책이라고 했잖아. 자신은 물론 남들에게 해를 끼치지 않으려면 반드시 이성적으로 생각해야 해. 시몬 드 보부아르의 아버지가 그녀에게 말했어.

"보부아르, 넌 정말 똑똑해. 꼭 남자아이 같구나."
아버지는 칭찬한 거였지만, 그 말을 들은 그녀는 몹시 화가 났대.

## 모든 인간은 평등해

남자와 여자의 지능이 다르다고 생각하니? 또 지능은 원래 타고나는 것일까, 아니면 교육을 통해 발달하는 것일까? 성적이 좋지 않은 건 똑똑하지 않아서일까? 똑똑한 사람은 모든 일을 다 잘할까, 아니면 어떤 일만 유독 잘할까? 더하기 빼기는 못 하지만, 씨 뿌릴 때와 곡식 거둘 때를 아는 사람은 똑똑하다고 해야 하나? 지능은 대체 무엇일까?
넌 어때? 너 스스로 똑똑한 사람이라고 생각하니?

# 동굴 체험

시몬 드 보부아르가 말했어.
"인생은 우리가 말하는 대로 이루어진다."

내가 폴라에게 제안했어.
"보부아르와 너의 이야기를 합쳐서 연극으로 꾸며보자. 그리고 그걸 아빠 앞에서 공연하는 거야. 그럼 너희 아빠도 동굴에서 빠져나올 수 있어. 그러면 여자인지 남자인지는 중요하지 않다는 걸 아시게 될 거야. 세상에는 다양한 사람들이 있고 모두가 다 소중하다는 걸 깨닫게 될 테니까!"
우리는 시몬 드 보부아르와 폴라의 이야기를 섞어서 대본을 썼어. 그리고 공연을 위한 연습을 시작했어.

다음날 우리는 폴라 아빠 앞에서 공연을 펼쳤어. 아빠에게 자유를 빼앗긴 폴라의 모습은 페미니스트 철학자 시몬 드 보부아르의 어린 시절 모습과 놀랍도록 닮았어.

# 자유는 권리다

### 페미니즘과 자유

페미니스트는 남성에 반대하지 않는다.
페미니스트는 사람들의 자유를 원한다.

> 난 남자야.
> 하지만 페미니스트야.
> 이게 이상해?
> 사람들은 자신의 역사를
> 스스로 쓸 수 있는
> 자유가 있다고 믿어.

### 존재한다는 것은 스스로 결정하는 거예요.

정해진 운명대로 살아가는 사람은 없어. 사람이 운명을 만드는 거야. 사람 스스로 자신의 목표와 꿈을 이루면서 살아가는 거지. 보부아르 역시 운명을 믿지 않았어. 보부아르는 실존주의자야. 보부아르는 사람들이 각자의 방식으로 인생을 창조하고 결정할 자유가 있다고 외쳤어.

> 난 즐겁게 놀 때
> 정말 행복해.
> 그런데 왜 그런 자유를
> 나한테서
> 빼앗으려고 할까?

### 인간은 평등해요.

시몬 드 보부아르는 노예제도에 반대했어. 보부아르는 남자가 여자를 노예처럼 취급하면서, 여자에게 선택의 자유를 주지 않는 것도 일종의 노예제도라고 말했어.

> 아빠는 여자가
> 축구를 해서는 안 된다고 했어요.
> 하지만 축구는 게임일 뿐이에요.
> 축구를 한다고 해서,
> 내가 남자로 바뀌는 건 아니에요.
> 물론 더 여성적으로
> 변하는 것도 아니고요.

# 시몬 드 보부아르의 삶

### 우는 것은 권리예요.

보부아르는 남자를 위해서도 싸웠어. 남자는 왜 감정을 표현하면 안 될까? 울고 싶을 때 우는 게 왜 문제일까? 남자는 어떤 색 옷을 입을지 왜 스스로 선택할 수 없을까? 남자에게는 왜 싸우고 싶지 않은데 반드시 싸워야만 한다고 압박할까? 보부아르는 모든 인간에게는 스스로 선택할 자유가 있다고 외쳤어.

> 마지막으로 울어본 게 언제예요?

### 단순한 순종 문제가 아니에요.

누가 우리에게 명령을 내린다고 쳐. 만약 우리가 그 의도에 공감하고 이해한다면 같은 목적을 공유하기 때문에 자발적으로 따를 수 있어. 하지만 아무런 이유도 없이 명령을 내린다면, 영문도 모른 채 무조건 복종해야 마땅할까? 당장 동굴 속 그림자의 노예가 되는 셈인데!

> 아빠, 우리 함께 동굴에서 나가요!

### 동굴을 벗어나다

나와 폴라가 공연을 마쳤을 때, 폴라 아빠가 눈물을 흘렸어. 그동안 폴라를 너무 힘들게 했다면서 진심으로 사과했지. 우리 셋은 오후 내내 신나게 축구했어.

폴라와 아빠가 행복해하는 걸 보니 나도 정말 행복해졌어. 행복은 서로 나누는 거야. 행복은 사람이 아닌 대상과도 나눌 수 있어. 그게 나무든, 사람이든, 동물이든……. 그날의 행복을 노트에 적는다면, 노트도 행복을 나누는 도구가 되는 거지. 지금 너처럼 내 노트를 행복하게 읽어준다면. 행복을 나눌 대상이 없다면 과연 지금처럼 행복할 수 있을까? 넌 누구와 함께 행복을 나누고 있니?

> 행복이 어디에서 느껴지니?
> 난 배와 가슴, 목에서 행복감을 느껴.
> 너도 오늘 행복하지?

# Chapter 5
# 나도 하나의 우주야

## 아고라에서 공감까지

### 정의를 찾아서

쉬는 시간이라 다들 밖으로 나가는데, 니나가 외쳤지.
"도둑이야! 도둑!"
니나의 간식이 감쪽같이 사라졌대. 선생님은 니나의 간식을 되찾을 때까지, 한 사람도 교실을 나가선 안 된다고 말했어. 내가 선생님에게 말했어.
"그건 불공평해요. 단 한 명의 도둑 때문에 왜 우리 반 전체가 벌을 받나요?"
선생님이 대답했어.
"글쎄다, 세바스찬. 그럼 네가 공정한 해결 방법을 제안해 주렴. 난 밖에서 기다리고 있을게. 해결책을 찾으면 꼭 알려줘."

## 우리가 만든 아고라

선생님이 교실 밖으로 나갔어.
"빨리 해결해. 쉬는 시간 다 지나가!"
친구들이 재촉했어. 이제 어떻게 해야 할까?

나 혼자보다는 여럿이 힘을 합치면 문제를 더 빨리 해결할 수 있어. 이것은 내가 처음으로 생각해 낸 아이디어가 아니야. 옛날 그리스인들이 아고라에 모여 문제를 해결하던 때부터 오늘날까지 이어온 인류의 지혜야.
난 친구들에게 말했어.
"우리가 가장 먼저 해야 할 일은 교실을 아고라로 바꾸는 거야."
친구들의 눈이 휘둥그레졌어. 아고라라니? 대체 그게 뭔데?

## 아고라

**아고라**는 집회 또는 광장을 뜻하는 그리스어야.
그리스인들은 해결해야 할 중요한 문제가 있을 때, 서로 논의하고 토론하기 위해 아고라에 모였어. 그러니까 아고라는 광장에 모여서 논쟁하는 거야.
아고라는 모두 다 함께 행복하게 살려면 무엇이 가장 최선인지 결정하는 방식, **민주주의**에 커다란 영향을 줬어.
그리스가 아고라를 통해 공동의 문제를 하나씩 해결해 나갈 때, 다른 나라들은 국민의 의견을 묻거나 토론하지 않고 권력자 마음대로 결정했어. 왕이나 황제가 혼자 결정하고 명령한 거야.
지금 우리가 사는 자유세계는 다 그리스의 아고라 덕분이라는 거 짐작할 수 있지?

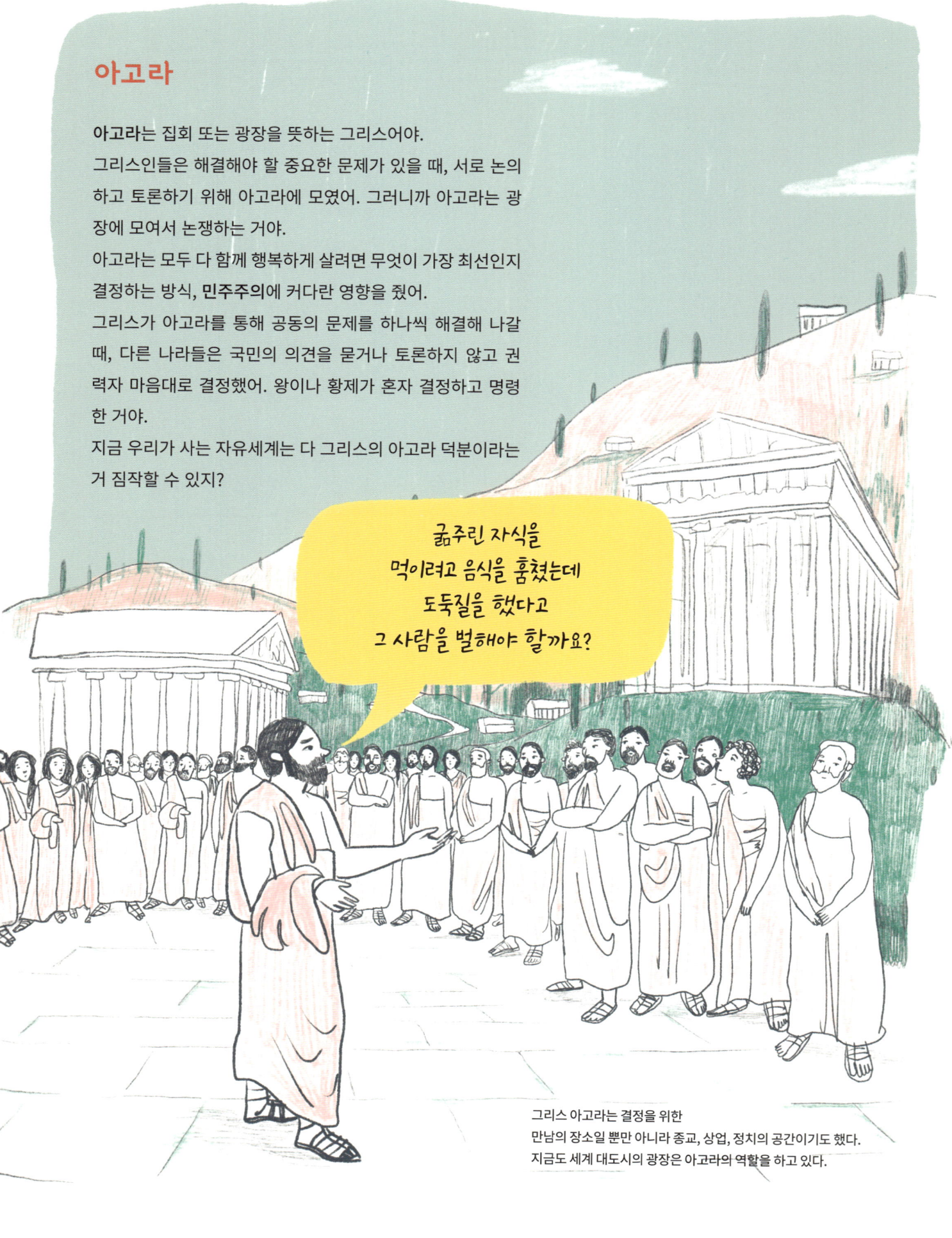

굶주린 자식을 먹이려고 음식을 훔쳤는데 도둑질을 했다고 그 사람을 벌해야 할까요?

그리스 아고라는 결정을 위한 만남의 장소일 뿐만 아니라 종교, 상업, 정치의 공간이기도 했다.
지금도 세계 대도시의 광장은 아고라의 역할을 하고 있다.

### 마주 앉아 토론하기

난 친구들에게 아고라가 무엇인지 설명해줬어. 친구들도 좋은 생각이라고 박수를 쳤지. 우리는 먼저 의자를 둥그렇게 원형으로 배치했어. 이것은 아고라를 만들 때 가장 중요해. 왜냐고? 서로 의견을 주고받을 때, 서로 눈을 마주칠 수 있기 때문이지. 서로의 얼굴을 정면으로 바라보면서 합의에 이를 수 있다는 게 가장 중요해. 그리고 원은 어느 방향에서 보든 항상 둥그렇잖아? 원 안에 있는 사람들은 누구나 다 동등하게 의견을 낼 수 있다는 의미가 있어.

나도 하나의 우주야 ♥ 43

## 길을 여는 질문

철학을 특별히 좋아하는 이유가 뭐냐고? 어떤 문제에 부딪혔을 때, 가장 먼저 해야 할 일이 길을 여는 거라는 걸 가르쳐줬기 때문이야. 길을 여는 가장 좋은 방법은 간단해. 질문하고 또 질문하는 거지. 간식 도난 문제를 해결할 때도 질문을 거듭해야 해. 답을 내놓는 것이 아니라 질문을 많이 던져야 해.

게르만이 우리가 던진 질문들을 칠판에 적겠다고 지원했어. 우리 모두 가장 먼저 떠올린 생각은 똑같았어. 저지르지도 않은 일 때문에 쉬는 시간을 흘려버리는 게 불공정하다는 생각!

난 친구들에게 질문은 정의에 관한 것이어야 한다고 말했어. 친구들이 너도나도 손을 들었어. 정의에 관해서 할 말이 진짜 많은 거 같아. 게르만이 그걸 다 받아쓰다가 묻어가 될 뻔했어.

그러자 니나가 화를 냈어.
"얘들아, 그만 좀 해! 이러면 정말 아무것도 해결하지 못해. 사람은 모두 평등해. 그래서 사람은 모두 똑같이 가져야 해. 그리고 이게 바로 정의야. 이상!"

가르시아네 쌍둥이 중 한 명이 물었어.
"모든 사람이 똑같이 배고픈 상황이야. 근데 음식이 있어. 그 음식을 주지 않으면 모두 똑같이 배고픈 거야. 그럼 이렇게 모두 배고픈 것도 공평하다고 말할 수 있어?"

"어, 에, 그, 그건 아니지. 그건 공평하지 않아. 음식이 있는데도 사람들이 굶주리고 있다는 건 불공평해."
니나가 대답했어.

정의가 무엇인지 설명할 수 있는 사람?

판사는 정의에 대해서 가장 잘 아는 사람일까?

소수 의견을 무시하는 민주주의가 공평하다고 말할 수 있을까?

### 그러면 진짜……정의란 무엇일까?

계속해서 질문만 쏟아졌어. 마누엘은 이 방식이 마음에 들지 않는다고 말했어. 쉬는 시간이 다 지나갈 거라면서. 그때 누가 문을 두드렸지. 학교 경비 아저씨와 선생님이었어. 아저씨 손에 니나의 간식이 들려 있었지. 니나가 간식을 집에 두고 가서, 아빠가 간식을 가져다줬대.

레나토가 니나에게 쏘아붙였어.
"너 때문에 쉬는 시간이 다 날아갔잖아!"

선생님이 말했어.
"아니야. 우리는 아무도, 아무것도 잃지 않았어. 너희들이 문제를 해결하려고 열심히 질문하는 것을 봤단다. 둥그렇게 둘러앉아 서로 의견을 말했지. 서로 존중하면서 가장 공정한 방법으로 문제를 해결하려고 애쓰더구나. 정말 멋졌어!"

선생님은 이런 말도 덧붙였어.
"학교에서는 정답이 있는 질문을 배운단다. 하지만 정답이 없는 질문을 하면, 훨씬 더 많은 것을 배울 수 있어."

어떤 사람들은 정의는 만들어지는 것이라고 말해. 그럼 정의는 우리가 창조해도 되는 거니?

사자가 얼룩말을 잡아먹는 것은 공평한 걸까?

지구에 사람이 살기 전부터 정의가 있었다면, 정의는 언제 어떻게 생겨났을까?

정의란 무엇일까?

## 같은 차이점

선생님은 아고라를 칭찬하면서, 쉬는 시간을 연장해 줬어. 그게 **공평**하다면서.

내 머릿속에서는 가르시아네 쌍둥이가 한 질문이 계속 떠올랐어.
호세랑 알바로와 간식을 먹으면서, 노트에 적어 둔 평등에 대해 이야기를 나누고 싶었어. 걔들은 쌍둥이니까, 누구보다 평등에 대해서 많이 알고 있을 거라고 생각했거든.

난 쌍둥이에게 물었어.

> 너희 둘은 똑같이 생겼어. 그럼 너희 둘은 똑같은 사람이야?

> 겉은 다르지만, 속은 똑같은 사람이 있을까?

> 너와 똑같은 사람이 있다는 건 어떤 기분이니? 그게 널 특별하게 만드는 것 같니?

모든 사람에게 모든 것이 똑같이 주어지는 게 공평한 걸까?

착각하지 마! 우린 똑같지 않아.

평등은 항상 좋은 거니? 평등이 나쁠 때는 없니?

쌍둥이 중 외향적인 성격을 가진 호세가 내 귀를 살짝 잡아당기면서 하하 웃더니 멀리 도망쳤어. 내향적인 알바로는 책에서 눈을 떼고, 이렇게 말했지.
"우린 절대로 똑같지 않아."
알바로는 그 말만 하고 다시 책 속에 빠졌어.

## 질문은 나의 힘

**모든 탐구는 나로부터 시작된다**

난 질문하기를 아주 좋아해. 그래서 철학을 좋아하지. 하지만 질문만 가득한 노트를 펼쳐볼 때 가끔 내가 제대로 길을 열고 있는 것인지 의문이 들 때가 있어.

답을 적지 않고 질문만 계속 적는 게 짜증이 나는 거지. 질문만 하면서 앞으로 나아가질 못하는 것 같거든.
이런 생각에 빠져 있는데, 교장실 창문이 보였어. 교장 선생님은 서류가 잔뜩 쌓인 책상 앞에 앉아 있었지. 그때 퍼뜩 이런 생각이 떠올랐어.

맞아! 나에게도 길을 여는 힘이 있어야 해. 그 힘을 가져야 해. 난 그 힘이 무엇이고, 무슨 뜻인지 알아야 해! 마구 떠오르는 질문들을 노트에 적었어.

그리고 교장실 문을 두드렸어. 교장 선생님은 우리 학교에서 가장 큰 어른이니까 힘에 대해서 가장 잘 알고 있을 테니까.

내가 교장 선생님에게 질문한 내용이야.

> 선생님이 죽어도 선생님이 갖고 있는 힘은 그대로 남아 있나요?

> 힘이 나쁜 것일 수도 있나요?

> 사람은 원래 강한 걸까요? 아니면 힘을 따로 갖고 있는 걸까요?

> 사람이 원래 강하다면, 태어날 때부터 강하게 태어난 걸까요? 아니면 점점 더 강해지는 걸까요?

> 돈이 없는 사람도 힘을 가질 수 있나요?

> 우리는 중학생보다 힘이 약한 걸까요?

## 질문이 길을 열어준다
**말하는 대로 행동하고, 생각하는 대로 말하기**

"엄마, 질문이 길을 열어 준다는 말은 틀린 거 같아."
엄마에게 질문으로 가득 찬 공책을 흔들면서 내가 문 없는 방에 갇혀 있는 것 같다고 말했어. 엄마는 내 마음을 금방 알아차렸어.

엄마가 내게 오늘 적은 질문들을 읽어달라고 말했어. 다 읽고 나자 엄마가 날 꼭 껴안아줬어.

"세바스찬, 넌 오늘 자유를 향한 가장 중요한 발걸음을 내디뎠어. 넌 너 자신을 질문으로 가득 채우고 다른 사람의 삶에서 답을 구했어. 교장 선생님을 관찰하고, 함께 이야기하고, 그분 말씀에 귀 기울였잖아? 지금 네게 중요한 게 정의라면, 난 질문이 답보다 훨씬 더 정의에 가깝다고 말해주고 싶어."

알다?

인식하다?

공평?

공감?

**질문이 정의와 가장 가까운 이유**

"정의는 공감과 관련이 있기 때문이야. 공감은 다른 사람의 감정을 깊이 이해하는 감정이지. 공감도 아름다운 그리스어야. 정의를 몇 마디 말로 표현할 수는 없지만, 네가 정의를 구하는 과정은 매우 공정했어. 너는 행동으로 정의를 보여준 거야. 그게 가장 중요해."

자유? 정의? 찾다? 공평하다?

## 공감의 가치
### 진짜 인간이 된다는 것

공감이 무엇인지는 알게 됐어. 마음을 다해 다른 사람의 입장이 되어 보는 것인데, 공감하면 참 멋진 기분이 들어. 내가 질문하면 그가 대답해. 난 그의 말에 귀를 기울여. 물론 대답하지 않는 사람들도 있긴 하지만.

그런데 너 그거 아니? 엄마 말을 듣기 전에는 나도 미처 깨닫지 못했어. 내 노트 안의 질문들이 바로 대답을 담고 있다는 것을! 언뜻 보기에는 물음표처럼 보이지만, 누구나 공감할 만한 의문들이잖아?

공감은 다른 사람의 기분과 감정을 나도 같이 느끼는 거야. 근데 누군가 슬퍼할 때, 내가 느끼는 슬픔이 그의 슬픔과 같은 것인지 어떻게 알 수 있을까?

프로선수처럼 신이 나서 공을 차는 폴라의 기분과 바다를 보며 즐거워하는 내 기분이 같은 감정일까?

분노는 또 어떨까? 화가 나면 물건을 부수고 던지는 사람이 있잖아. 근데 분노를 삼키면서 입을 꽉 다무는 사람의 감정과 어떤 차이가 있을까? 감정은 모든 사람에게 같은 방식으로 다가올까? 각각 다른 사람인데 서로 공감할 수 있을까?

## 내가 탐험할 수많은 우주

공감에 대한 질문을 계속하다가 갑자기 새로운 우주가 확 열리는 기분이 들었어. 왜냐고? 내 이야기에 귀 기울이는 널 상상해 봤더니 그래. 네가 나에게 새로운 질문과 지식을 마구 던지는 모습을 상상했거든. 그러자 마치 망원경을 통해 무한대를 바라다보는 느낌이 들었어. 너무 멋지지 않아? 작은 우주에 불과했던 내가 공감이라는 도구를 들고, 너의 우주를 탐험할 수 있다는 거!

앞으로 난 셀 수 없이 수많은 우주로 여행을 떠날 수 있다는 것을 깨달았어! 너도 얼른 상상해 봐! 네 가족과 친구들이 펼쳐 놓는 새로운 우주를!

그들이 너와 같은 방식으로 느끼고 생각하는지는 상관없어. 중요한 것은 그들 모두 네가 탐험할 새로운 우주라는 사실이야.

이제 난 힘이 무엇인지 조금 이해하게 된 것 같아. 말로 설명할 수도 없고 사전처럼 정의할 수도 없지만……. 온갖 질문이 가득한 이 노트는 나의 힘을 담고 있지. 어쩌면 슈퍼히어로도 부러워할 만큼 엄청난 힘일지도 몰라!

너도 이런 힘을 갖고 싶지 않니?

# Chapter 6
# 나는 질문한다, 그래서 존재한다
## 예술과 철학의 관계

간식 도둑 사건 후 수업에 들어온 선생님은 우리가 문제를 해결한 방식에 대해서 다시 한번 칭찬하고, 우리가 자랑스럽다고 말했어. 선생님은 또 이런 말도 덧붙였지.
"오늘 여러분은 질문하는 법을 배웠어요. 질문을 해야 문제가 해결되거든요. 이건 너무 중요한 사실이에요. 그리고 하나 더! 다른 사람의 생각과 말을 경청하는 자세도 배웠어요."

그리고 칠판 위에 이렇게 썼어.
"답변할 수 없는 질문은 우리에게 존재의 아름다움을 보여준다."
누가 물었어.

어떤 구름이 하늘의 끝에 제일 먼저 다다를까?

개미와 파리는 어떤 이야기를 할까?

언제쯤 묘지가 다시 숲으로 변할까?

남자인지 여자인지 알려면, 말하기를 배울 때까지 기다려야 하지 않을까?

"너무 어려워요. 예를 들어서 설명해 주세요."
"물론이지요! 그럼 선생님이 먼저 해볼게요. 답은 모르지만 아주 아름다운 질문 하나! 이 질문을 들으면, 우리는 많은 것을 생각하고 상상할 수 있을 거예요. 그럼 질문 나갑니다! 우주 최초의 꽃은 무엇일까요?"
와, 선생님 말씀이 맞았어. 누구도 답을 알 수 없었지만 우리 모두 우주 어디에서인가 처음으로 피어나는 꽃을 생각하면서 마구 상상하기 시작했어.
"자, 다시 게임을 이어가요. 이젠 여러분이 손을 들고 말해봐요. 답이 없는 질문, 아름다운 질문을 해봐요."

지렁이는 나비처럼 날개를 갖고 싶을까? 아니면 발을 갖고 싶을까?

난 앞으로 사랑한다는 말을 몇 번이나 하게 될까?

나무에서 직접 따먹는 과일은 마트에서 사 먹는 것과 다른 맛일까?

강아지들은 강아지이길 원할까? 아니면 인간이 되길 원할까?

과거가 우리 곁에 있지 않고 뒤에 있다고 생각하는 이유는 무엇일까?

이 아름다운 질문들을 봐. 넌 또 얼마나 아름다운 질문을 할까?

나는 질문한다, 그래서 존재한다

## 질문의 기술

수업 시간 내내 질문 만들기 게임을 하면서 놀았어. 마치 수업이 아니라 게임을 하는 기분이 들었어. 선생님은 **파블로 네루다**가 쓴 《질문의 책》을 읽어보라고 하면서 수업을 마쳤어. 네루다는 세계적으로 유명한 칠레의 시인이야. 1945년에는 노벨 문학상도 받았어.

그 책이 정말 읽고 싶었어. 수업이 끝나자마자 도서관으로 달려가 그 책을 빌렸어. 집에 도착해서 책을 읽다가 문득 또 다른 게임이 떠올랐어. 이 게임은 아름다움으로 가득 찬 질문에 아름다운 답을 달아 보는 거야. 답은 사실이 아니어도 상관없어. 난 아름다움을 아름다움으로 답할 수 있는지 시험해 보고 싶었을 뿐이야.

하지만 이 게임은 함께할 때 더 재미있을 거 같아. 아무래도 니나를 초대해야겠지?

> 그 무엇도 우리를 갈라놓을 수 없게 그 무엇과도 우리를 결합시키지 마세요.

**파블로 네루다**
1904년~1973년
칠레 시인

**연기는 구름과 대화 중인가요?**

> 연기는 지구에서 뜬소문을 찾는 임무를 갖고 있어요. 그래서 연기는 뭔가를 발견하면 위로 올라가 구름에게 이 소식을 전해요. 왜냐하면 구름은 아래로 내려오기가 힘들기 때문이에요.

**밤에는 무엇이 고동치나요?**

> 생명체의 심장은 언제나 두근거려요. 밤의 침묵을 사랑하는 사람은 누구나 마음의 소리를 들을 수 있지요.

왜 금요일의 다음 날이 목요일일 수 없나요?

목요일이 아직 그것에 대해 깊이 고민해 보지 않았기 때문이에요. 요일들이 순서를 바꾸기로 하는 날, 인류는 다시 발명되어야 할 거예요.

죽었는데 자기가 죽었다는 것을 모른다면, 지금 시간을 누구에게 물어봐야 할까요?

돌아가신 할머니와 할아버지에게 물어볼 거예요. 그분들을 보면 내가 죽었다는 것을 알게 될 테니까요. 그 다음에는 하늘나라로 간 내 첫 번째 강아지를 찾을 거예요.

나뭇잎들은 노랗게 변했을 때 왜 스스로 떨어지는 걸까요?

나뭇잎들은 자신들이 바나나가 된 것으로 착각했어요.

나무는 왜 멋진 뿌리를 꼭꼭 숨기고 있을까요?

이건 네가 대답해 봐!

# Chapter 7
# 초능력자 소크라테스
## 지혜를 향한 첫걸음

**나의 슈퍼히어로를 찾아서**

이유는 잘 모르겠지만, 난 계속 힘, 권력자, 능력, 초능력 같은 생각을 하고 있어. 슈퍼히어로가 가진 힘은 정말 어마어마해. 너도 나처럼 그런 거 좋아하지? 슈퍼히어로들은 초능력으로 하늘을 날고, 벽을 통과해 지나가고, 투명인간으로 변하기도 하고, 텔레파시를 사용하기도 해. 때때로 분신을 만들거나 물로 변하기도 하지. 정말 못 하는 게 없어.

어린이 슈퍼히어로도 거의 찾아보기 힘들지만, 늙은 슈퍼히어로는 아예 없는 것 같아. 슈퍼히어로는 언제나 젊은이야. 너무 어리지도 않고, 아주 늙지도 않은 적당한 나이의 어른! 왜 그럴까?

난 아주 독특한 슈퍼히어로를 만들고 싶어! 초인적인 힘이나 근력만 센 초능력자가 아니라 아주 특별한 능력을 갖춘 슈퍼히어로! 이를테면 내 노트와 비슷한 것을 들고 다니면서, 질문으로 사람들의 삶을 변화시키는 슈퍼히어로. 노인이거나 여자아이일 수도 있고, 눈에 띄지 않는 옷을 입었거나 어딘가 수상하게 보이는 사람일 수도 있어.

앗! 나는 진짜 멍청해. 이미 그런 사람이 있었잖아! 내가 애써 만들 필요가 없어. 저기를 봐!

- 그는 노인이야.
- 그는 평범한 옷을 입어.
- 그는 체력은 별로 좋지 않지만 정신력이 강해.
- 그는 공감과 인내, 경청의 능력이 있어.
- 그는 질문을 던지면서 앞으로 나아가는 사람이야.
- 그는 더 나은 세상을 위해 싸우고 있어.
- 그는 사람들이 진리를 깨우칠 수 있도록 돕고 있어. 이것이 그가 갖고 있는 가장 중요한 힘이야.

## 지혜 탄생을 돕는 산파

너도 누구인지 금방 알았지? 바로 소크라테스잖아! 소크라테스에 관해서 얘기했던 거 다 기억하고 있지? 그에게는 슈퍼히어로다운 별명이 있어. 바로 **슈퍼 산파**! 산파는 산모의 **출산**을 돕는 사람이야. 근데 왜 사람들은 소크라테스를 산파라고 불렀을까?
소크라테스는 사람들이 지혜를 낳을 수 있도록 도와줬기 때문에 산파라고 불렸어. **무지한** 사람들이 **지혜**를 낳을 수 있도록 길을 열어줬기 때문이야.

## 학교 가지 않고 학교 가기

내가 왜 갑자기 소크라테스 이야기를 시작했는지 궁금하지? 이유는 간단해. 코로나 팬데믹 때문이야. 바로 어제부터 우리 학교도 온라인 수업을 시작했어. 여럿이 모이는 게 금지되었기 때문이야. 어제부터 우리는 학교에 가지 않으면서도 학교에 가는 상황이 되어버렸어. 회사원들도 직장에 가지 않고 집에서 일해. 갑자기 모든 환경이 바뀌었어.

선생님은 각자 좋아하는 주제를 선택해서 발표하라고 했어. 화면을 보고서 하라는 말이지. 이것은 지금까지 교실에서 했던 수업과 아주 다른 방식이야.

조금 당황스러웠어. 난 학교에 가는 것, 친구들을 만나는 걸 좋아해. 또 교실에서 함께 모여 수업하는 것도 좋아. 쉬는 시간은 더 좋고.
집에서 수업하면, 쉬는 시간이 없지 않을까? 만약 쉬는 시간이 주어진다 해도 누구와 함께 놀까? 내 곁에는 친구가 아무도 없는데…….

내가 좋아하는 주제는 무엇일까? 그것은 고민할 필요조차 없었어. 요즘 계속 생각하고 있는 게 초능력과 슈퍼히어로였기 때문이지. 내가 생각하는 가장 특별한 슈퍼히어로, 소크라테스에 대한 이야기를 발표하기로 했어.
운이 좋은 걸까? 발표 순서 추첨에서 내가 첫 번째로 뽑혔어. 화면 앞에서 발표하는 첫 번째 학생이 됐어.

## 슈퍼히어로 소크라테스

엄마에게 달려가 내가 첫 번째 온라인 발표자로 정해졌다고 말했어. 처음이라서 어떻게 준비해야 할지 막막했거든. 교실이 아니라 내 방에 앉아 수업을 하는 것도 어색한데, 화면만 바라보면서 발표해야 하다니!
엄마가 말했어.
"어떻게 할 것인지는 너무 깊이 생각하지 마. 무엇을 할 것인지가 더 중요해. 친구들과 무엇을 나누고 싶은지 생각해 봐. 친구들에게 소크라테스에 대해 어떤 이야기를 전하고 싶니?"
"소크라테스는 사람들이 지혜를 낳을 수 있도록 돕는 산파였어요. 그건 진짜 아무나 할 수 없는 일이지요. 그는 위대한 초능력자예요. 식량을 생산하는 농부와 집을 짓는 건설 노동자, 글을 써서 새로운 세상을 창조하는 작가, 아름다움을 생산하는 예술가도 훌륭해요. 그러나 소크라테스가 없었다면, 우리는 지금 모습으로 살아가지 못했을 수도 있어요."

**두려움 없이 앞으로 나아가기**

"친구들에게 질문하고 싶은 게 있어요. 사람이 태어나는 방법이 한 가지뿐이라고 생각하는지, 사람이 저절로 태어난다고 생각하는지 묻고 싶어요."

"훌륭하구나." 엄마는 내 말에 조금 감동한 거 같았어. "컴퓨터 앞에서 발표한다는 생각은 잊고, 오로지 네 질문에만 집중하렴."

엄마 말이 맞아. 난 새로운 환경에서도 계속 앞으로 나아가야 해. 노트를 펴고 질문들을 정리했어.

누가 우주의 탄생을 도왔을까?

항상 여기에 있는 것처럼 보이는 모든 것들을 누가 또는 무엇이 태어나게 도왔을까?

바다, 하늘, 바람과 최초의 별은 누가 탄생을 도왔을까?

이미 존재해 왔기 때문에, 새로 태어나지 않은 것들도 있을까?

넌 어떻게 생각해? 무언가가 영원히 존재할 수 있다고 생각하니?

## 다른 방식의 수업

드디어 발표 날이 왔어! 아침 8시 30분, 첫 번째 공식적인 온라인 수업이 시작했어. 친구들이 자기의 카메라를 끄고 모니터 앞에 앉아 있었기 때문에, 나는 친구들의 이름과 사진만 볼 수 있었어. 그런데 재미있는 건 친구들의 사진이 거의 다 자기가 키우는 반려동물의 사진이었어.

카메라를 켜고 발표를 시작했는데 집중이 잘 안됐어. 내 말을 듣는 친구들의 얼굴과 시선, 몸짓이 보이지 않아서 혼자 말하는 게 너무 어색했어. 선생님은 내가 얼마나 불편해하는지 알아차렸어.

"잠깐! 카메라를 켤 수 있는 친구들은 지금 카메라를 켜주세요. 멀리 떨어져 있지만 우리가 함께 모여 있다는 것을 세바스찬에게 알려 주세요."

카메라가 하나둘씩 켜지기 시작했어. 그러자 마법처럼 컴퓨터 앞에 나 혼자 앉아있다는 생각이 점점 희미해졌어. 마치 교실 안 아고라에 앉아 있는 것처럼 나는 발표에 집중할 수 있었어.

# 내가 가장 좋아하는 슈퍼히어로

소크라테스는 사람들에게 진리를 찾도록 돕는 걸 자신의 사명으로 여겼어. 진리를 찾으려면 먼저 자신의 무지를 깨달아야 하는데, 소크라테스는 대화를 통해 무지한 사람들을 일깨웠던 거야. 소크라테스는 사람들이 일부러 나쁜 짓을 하는 게 아니라 자신이 무엇을 하고 있는지 몰라서 그렇게 한다고 믿었어.

그래서 잘못을 한 사람에게도 올바른 질문을 하면, 반드시 자신의 실수를 깨닫고 변화할 수 있다고 믿었지.

소크라테스는 상대방이 틀렸다고 직접적으로 비난하지 않았어. 자신이 틀렸다는 것을 스스로 깨달을 수 있도록 대화를 나누었을 뿐이야. 그는 반성을 통해 변화한 사람은 다시 태어난 것이라고 말했어.

## 악당들이 두려워하는 것

### 초강력 말파리

슈퍼히어로 이야기에는 반드시 악당들이 등장하잖아?
소크라테스 앞에 등장한 악당들은 누구였을까?
그들은 권력자들이었어.

그들은 소크라테스의 힘을 성가셔했어. 그들은 소크라테스가 젊은이들의 머릿속에 잘못된 생각을 심어준다고 생각했지. 악당들에게 중요한 것은 사람들이 아무런 의문도 품지 않고 절대적으로 순종하는 거니까.

악당들은 소크라테스를 말파리라고 부르면서 경멸했어. 말파리는 말을 쫓아다니며 성가시게 하는 벌레야. 그들에게 소크라테스는 정말 귀찮은 존재였어.

소크라테스가 왜 그들에게 그토록 성가신 존재였을까? 거리를 돌아다니면서 사람들에게 말을 걸고 질문을 던지는 힘없는 노인이 무슨 해를 끼칠 수 있다고?

## 사람을 사람답게

가르시아네 쌍둥이 중 알파로가 손을 들고 말했어.
"네 말은 사람들이 의문을 품기 시작하니까, 권력자들이 통제권을 잃어버릴까 봐 화냈다는 거지?"

맞아! 소크라테스 덕분에 사람들은 질문을 하기 시작했어. 그게 소크라테스의 대화가 가진 강력한 힘이야. 그래서 권력자들은 그를 미워했어. 그는 사람을 사람답게 다시 태어나게 만드는 초능력자였어.

더 자유롭고, 더 공정하고, 더 행복한 사람이 되려면 다른 사람을 만나고, 다른 사람과 함께 살고, 서로 믿고, 함께 창조하는 거야. 그것이 바로 사람을 사람답게 만들어.

우리는 다른 사람을 만나 함께 대화하고, 수다 떨고, 경청하고, 자신의 이야기를 들려줘야 해. 물론 우리를 깨우는 이야기도 많겠지만 우리를 잠들게 하는 이야기도 있긴 하겠지?

내 발표가 끝나갈 무렵 친구들이 각자의 집에서 박수를 쳤어. 정말 흥미로운 경험이었어.

## 우리를 깨우는 질문

친구들이 서둘러 카메라를 끌까 봐 나는 급히 소리쳤어.
"잠깐, 잠깐만! 아직 안 끝났어. 아주 중요한 부분이 아직 남았어." 나는 다시 말을 이었어.
"우리는 소크라테스가 말한 것을 반드시 실천에 옮겨야 해! 우리 모두 슈퍼히어로가 되어 사람들을 깨워보자!"
친구들이 다시 박수를 쳤어.
"내가 몇 가지 질문을 할 건데, 너희는 옳고 그름을 따지지 말고 사실대로만 대답하면 돼. 내 질문이 끝나면 거기에 너희 질문을 덧붙여. 그걸 다음 친구에게 전달해 답하게 하고, 다시 그 친구가 자기 질문을 추가해 다음 친구에게 전달하고 답하게 하는 방식으로 계속 진행하는 거야. 이런 식으로 계속 질문을 추가하고 답하게 하는 것을 반복하는 거지. 끝이 없는 게임이야. 자, 그럼 내가 시작할게!"

**우리를 사람으로 만드는 것은 뇌일까? 심장일까?**

**태어나서 평생 동물하고만 살아온 사람은 사람일까, 동물일까?**

**악당은 왜 사람들을 두려워할까?**

**닭이 사람이 되려면 무엇을 배워야 할까?**

**인간으로 태어나기만 하면 사람다운 사람이 되는 걸까?**

**진짜 사람과 그 사람과 똑같이 만든 로봇은 무슨 차이가 있을까?**

**몸이 죽으면, 그 사람도 죽는 걸까?**

**사람은 사람이 되는 것을 그만둘 수 있을까?**

**네 살 때의 나와 지금의 나는 같은 사람일까?**

**사람은 자기 몸을 소유하고 있을까?**

**내 눈이 엄마 아빠의 눈을 닮았다면, 내 눈은 누구 것일까? 내 것일까? 부모님 것일까?**

## 왜 다른 사람과 대화해야 하는 것일까?

새로운 스타일의 슈퍼히어로를 상상해 보는 건 정말 멋진 생각이었어. 소크라테스는 생각하는 방식과 철학 하는 방법을 새롭게 만들어 낸 초능력자야. 그의 철학은 인간이 인간답게 살 수 있는 길을 열어주었지. 사람은 자기 내면을 탐구하는 것뿐 아니라 다른 사람과의 대화를 통해서도 자신을 발견할 수 있다는 사실을 깨닫게 해줬어. 소크라테스는 우리 인류에게 대답보다 질문이 훨씬 더 중요하다고 가르쳐주었어.

너는 질문하는 방법을 배웠니? 아니면 대답하는 방법만 배웠니? 지금 가장 중요한 질문 하나를 할 수 있다면, 넌 무엇을 물어볼 거니? 난 이미 정했어. 내 질문은 바로 이거야.

**인생에서 무엇인가를 바꿀 수 있다면, 넌 무엇을 바꾸고 싶어?**

## 깊이 생각하고 선택하기

이 질문에 대한 답은 언제든 바뀔 수 있어. 오늘은 이것이지만 내일은 저것일 수도 있다는 거야. 그래서 대답은 그다지 중요한 게 아니야. 진짜 중요한 건 나의 질문을 통해 네가 진짜 원하는 게 무엇인지 곰곰이 생각해 보게 될 거라는 거지. 너는 그것에 대해서 깊이 생각하고 선택하려고 할 거야. 그게 진짜 중요해.

**지혜**는 보다라는 뜻을 가진 단어에서 왔다고 했지? 그래서 지혜는 삶의 진가를 알아보고, 그 맛을 찾는다는 의미가 담겨있다고 했잖아. 맛보기를 좋아하는 우리 어린이들에게, 철학은 의외로 아주 쉽게 느껴질 수 있어.

지혜는 또 다른 의미도 있어. 구원을 의미할 때도 있거든. 내가 지혜로워지면, 무엇에서 벗어나 구원을 얻는 걸까? 진짜 궁금하다, 궁금해!

## 최후의 전투

**두려움은 위험한 무기**

다음 날 아침 이번에는 니나가 발표할 차례였어. 니나의 주제는 동물의 감정이야. 니나가 발표를 막 시작하려고 하는데, 페드로가 손을 번쩍 들었어.
"세바스찬! 소크라테스와 악당 중 누가 이겼니?"
니나가 나에게 잠깐 시간을 내줬어. 페드로에게 답변을 해도 된다고 말했지.

"페드로, 안타깝게도 이 이야기의 결말은 슬퍼. 악당들이 소크라테스의 영향력을 무너뜨리기 위해 가장 위험한 무기인 두려움을 퍼뜨렸어. 그들은 소크라테스가 젊은이들을 나쁜 사람으로 만들어 결국 도시를 파괴할 거라고 믿게 했어. 인간은 두려움을 느끼면 질문을 멈추게 돼. 두려움은 우리를 마비시키는 최악의 무기야. 하지만 완전히 무적은 아니야. 네가 두려움을 느꼈을 때, 그 이유가 무엇인지 의문을 품으면 두려움은 형편없이 쪼그라들어. 두려움은 질문에 저항할 힘이 없거든."
내 귀에 친구들의 안타까운 한숨 소리가 들려오는 것 같았어.

"결국 소크라테스는 재판에서 사형을 선고받았어. 권력자들은 그가 젊은이들에게 해악을 끼쳤다고 비난하면서 독약을 마시게 했어."

내 답변이 끝나자, 니나가 발표를 시작했어. 그런데 니나의 첫마디 말이 나를 감동하게 했어.
"세바스찬이 가르쳐준 대로, 난 질문으로 발표를 시작할 거야. 너희는 강아지가 물고기보다 감정이 더 풍부하다고 생각하니?"

## 소크라테스를 찾아서

소크라테스가 얼마나 오래전에 살았던 사람인지는 알고 있니? 소크라테스가 70세까지 살았다지만, 그래도 무려 2,500여 년 전에 살았던 사람이야. 이렇게 오랜 세월이 흘렀는데도 우리는 여전히 그를 이야기하고, 생각하고, 그에게서 배우고 있어. 난 소크라테스가 죽었다고 생각하지 않아.

사람은 언제 죽는 걸까? 몸이 죽을 때를 말하는 걸까? 아니면 아무도 그를 기억하지 못할 때를 말하는 걸까? 우리가 소크라테스를 기억하는 한 그는 불멸이라고 생각해. 그는 죽지 않았어.

소크라테스는 정말 슈퍼 슈퍼히어로야. 그는 지금 어디에 있을까? 어디에서 그를 찾을 수 있을까? 우리가 아직 그를 찾지 못한 것뿐이라면? 그를 찾는 게 우리의 중요한 임무가 아닐까? 누구든 먼저 그를 찾는 사람이 알려주기로 약속해.

프랑스 화가 자크루이 다비드가 그린 <소크라테스의 죽음>. 1787년 작

# Chapter 8
# 아름다운 공동체
## 너 자신을 알라-소크라테스의 열쇠

**갑자기 멈춤**

코로나 팬데믹이 끝나지 않아서 연말이라는 느낌조차 들지 않아. 크리스마스 파티도 현장 학습도 없었어. 마치 시간이 멈춘 것 같아. 방학이 다가오고 있지만 정말 아무 계획도 세울 수가 없어. 잠깐 밖으로 나갈 수는 있지만, 마음대로 모일 수는 없지. 늘 마스크를 쓰고 있어야 한다는 것도 스트레스야.

하지만 이런 생활이 익숙해져서인지 팬데믹이 얼마나 엄청난 사건인지를 깜빡 잊고 있었어. 나는 가끔 이런 상태가 얼마나 오랫동안 지속될지 생각하면 정말 절망스러워. 너도 그렇지?

그래도 폴라는 나보다 활기차게 지내는 거 같아. 좋아하는 축구를 할 순 없지만, 과학을 좋아해서 인터넷으로 과학 관련 자료들을 보며 시간을 보내고 있대.

토론을 좋아하는 니나는 말이 줄었어. 전과 달리 차분해져서 말없이 고개를 끄덕일 때가 많아. 니나가 운영하는 유튜브 채널도 더는 새 동영상이 올라오지 않아.

가르시아네 쌍둥이는 집 안에 있는 가구처럼 항상 똑같아. 그들은 말하지도, 웃지도, 화내지도 않아.

나? 나는 잘 모르겠어. 어떤 날은 가벼운 마음으로 아침을 맞기도 하지만, 보통 때는 지루하고 심심해. 가족과 시간을 많이 보낼 수 있어서 좋긴 하지만, 내가 좋아하는 것들을 마음대로 할 수 없는 것은 짜증 나. 오랜만에 만난 할머니에게 안길 수조차 없으니까!

## 앞으로 나아가야 한다

팬데믹 전에는 학교에서 돌아오면 친구들과 밖에서 신나게 놀았어. 그런데 이젠 그게 불가능해. 또 친구들을 다 만날 수 있는 것도 아니야. 아직도 외출이 금지된 친구들도 있어.

누구나 마스크를 쓰고, 손소독제를 들고 외출해. 가끔 손소독제를 잊고 오면 누군가 빌려주기도 해. 이런 어려운 상황이 서로 유대감을 만들어 주지.

우리는 보통 잠깐 이야기를 나누다가 각자 집으로 돌아가. 그런데 어제 좀 색다른 일이 있었어. 니나가 인터넷 검색을 하다가 2010년이 칠레 200주년이라는 사실을 알게 되었다면서 매우 흥분한 거야. 칠레가 독립한 지 200주년이 되는 해가 왜 중요하지? 그것도 2010년이면 이미 오래전인데…….

"독립은 중요한 일이지만 200주년은 긴 시간이야. 그게 갑자기 그렇게 기뻐할 일이야?"

게르만이 니나에게 물었어.

"캡슐! 캡슐 때문이야!"

니나가 대답했어.

"캡슐이라고? 무슨 캡슐?"

우리 모두 깜짝 놀랐어. 니나가 급기야 제정신이 아닌 거라고 생각했거든.

"이거 좀 봐!"

니나가 프린트한 종이를 보여줬어.

"강철로 만들어진 200주년 타임캡슐이야. 그 안에는 2010년 칠레를 상징하는 몇 가지 중요한 것들이 들어있어. 이 캡슐은 산티아고 아르마스 광장에 묻혀있대. 2010년부터 100년이 지나서 2110년이 오면, 이 타임캡슐을 파내는 거야. 그럼 미래 사람들이 우리가 어떻게 살았는지 알게 되는 거지."

내가 덧붙였어.

"우리의 과거를 알게 되는 거겠지."

아름다운 공동체

## 타임캡슐

니나 덕분에 우리는 코로나 팬데믹이라는 공포도, 마스크를 쓰고 있다는 불편함도 잊어버렸어. 갑자기 모든 게 다시 예전으로 돌아온 것 같았어. 원래 그랬던 것처럼 공원에 모여 이야기하고, 놀고, 싸우고, 웃을 때와 같은 느낌이 들었어.

"그런데 타임캡슐에는 무엇을 넣었을까?"
가르시아네 쌍둥이가 동시에 물었어.

"먼저 2010년 칠레를 대표하는 것이 무엇인지 결정하려고 온라인 투표를 진행했대."
니나가 설명해 줬어.

"아, 정말 어렵다! 나라면 뭘 넣었을까?"

"세바스찬, 너라면 끝도 없이 많은 질문을 넣었을걸."
폴라가 말하자 모두 웃었어.

"그래서 그들은 대체 뭘 넣었대? 제발 알려줘……."
쌍둥이가 애원했어.

## 팬데믹 타임캡슐

내가 물었어.
"만약 오늘 캡슐을 묻는다면 너희는 뭘 넣을 거야?"
친구들은 동시에 외치기 시작했어.

마스크!
손 세정제!
자전거!
백신!
내 유튜브 채널!
우리 사진!
컴퓨터!
제일 재밌는 틱톡 영상!

"세바스찬, 넌?" 니나가 물었어.
"질문 노트!" 나 대신 게르만이 외쳤어.
"맞아, 맞아. 질문 노트!" 모두가 외쳤어.
"멋진 생각이야." 폴라가 말했어.
"자, 우리 이렇게 하자! 세바스찬의 노트에는 이 이상한 기간 동안 우리에게 일어났던 모든 일이 다 적혀있을 거야. 거기에 나오는 것들을 타임캡슐에 넣자. 그것들을 우리 집 뒷마당에 묻어두었다가 10년 후에 꺼내는 거야! 어때?"

## 10년 후 우리

그래, 해보자! 난 얼른 달려가 질문 노트를 가져왔고 곧바로 작업에 착수했어.

우리가 가장 먼저 결정한 것은 이 타임캡슐의 목적이야. 오늘부터 10년 뒤에는 지금 우리가 함께 생각하고 창조한 것이 얼마나 중요한 것인지 까맣게 잊었을 수도 있기 때문에, 캡슐을 열었을 때 지금처럼 느낄 수 있도록 현재를 상징하는 무엇을 넣어야 한다는 거였어.

친구들 모두 게임을 좋아하기 때문에, 포켓몬 유형의 카드들을 만들어서 넣는 게 좋겠다고 결정했어. 현재의 생각과 질문을 적은 놀이 카드들은 10년이 훨씬 지난 후에도 모두 잊지 않고 기억할 테니까. 인간은 항상 놀이를 좋아하잖아. 친구들과 나는 내 노트의 내용을 게임 카드로 만들었어.

아름다운 공동체

## 지혜의 기원
### 인생을 음미하기 위한 카드

**문을 여는 자**

우월한 힘. 그 어떤 카드로도 이길 수 없음.

"철학의 역사는 인류의 역사"
이 카드는 모든 문을 여는 힘을 제공한다.
질문의 힘으로 과학, 철학, 인문학, 예술이 탄생했기 때문이다.
이 카드는 변화하는 인류에게 궁극의 힘인 놀라움을 제공한다.

도전 과제: 답을 할 수 없어도, 스스로 질문을 던질 것인가요?

**시간과 공간 여행**

생각하는 힘으로
우주 구석까지 도달할 수 있음.

"지혜에 대한 사랑"
이 카드는 지혜를 사랑하는 힘, 즉 철학의 힘을 제공한다.
미지의 세계를 발견하기를 좋아하는 사람이라면
이 카드는 한계가 없다. 상대가 누구든 항상 승리할 수 있다.
그러나 이성의 힘을 가진 카드가 도전하는 경우에는 주의하라.
지혜를 향한 사랑이 넘치면 지혜의 발전을 지체시킬 수 있기 때문이다.

도전 과제: 이번 주에는 몇 번이나 생각 여행을 떠났나요?

**위대한 현자**

어떤 운명 카드도 이 카드에 맞설 수 없음.
이 카드를 사용하면
현재를 소중히 여기며 살아갈 힘을 얻을 수 있음.

"항상 인생을 음미하라"
위대한 지혜는 마음뿐만 아니라 몸의 모든 감각을 통해 인생의 맛을
느낄 수 있기 때문에 이 카드는 모든 이성 카드들을 능가한다.
위대한 현자 카드는 현재를 즐기고
다른 사람들과 자유를 공유할 수 있게 만든다.

도전 과제: 현재를 음미하고 있나요? 아니면 미래만 생각하나요?

## 대자연

물, 공기, 불, 대지 등 자연의 힘을 제공함.

"모든 과학의 어머니"
대자연 카드를 사용하면 천문학, 물리학, 화학, 생물학의 영역으로 더 빨리 이동할 수 있다. 하지만 조심해야 한다. 산파술 카드에 부딪히면 길을 잃을 수 있으니까.

도전 과제: 음악에서 수학을 발견했나요? 과학에서 예술을 볼 수 있나요?

## 체인 브레이커

동굴의 그림자 사슬을 끊어낼 힘을 줌.

"동굴에서 탈출하라"
이 카드는 동굴 카드를 가진 모든 플레이어를 물리칠 수 있다. 이 카드는 사슬을 끊고 미지에 대한 두려움을 극복하게 만들어 궁극의 선함을 추구할 수 있다.

도전 과제: 당신은 오늘 동굴 안에 있나요? 아니면 동굴 밖에 있나요?

## 산파술 카드

당신을 불멸로 만드는 위대한 힘이 있음. 사용할 때마다 매번 더 현명하게 다시 태어남.

"슈퍼메가히어로"
모든 카드 중에서 가장 중요한 카드이다.
슈퍼메가히어로 소크라테스는 그리스어로 탄생을 돕는다는 뜻의 마이유틱스(산파술)의 힘을 당신에게 제공한다.
이 카드는 어떤 강력한 무기에 대해서도 최고의 힘을 발휘한다. 산파술로 낳은 말은 어떤 거짓도 물리칠 수 있기 때문이다.

도전 과제: 무지에서 지혜의 원천을 찾아보시오!

## 너 자신을 알아라

우리가 타임캡슐에 들어갈 게임을 만드는 동안, 우리도 모르게 게임을 하고 있다는 것을 알았어. 우리는 이 신비한 게임이 들어있는 캡슐을 열어볼 미래 사람들과 그때의 우리를 상상하면서 신나게 놀고 있었던 거야.

모든 도시의 광장이 아고라로 변한다면 정말 멋질 것 같아. 그리고 이 게임으로 미래 사람들이 다시 한번 모두를 위한 선common good을 생각하고, 믿음을 갖고, 창조를 할 수 있다면! 이런 사람들과 함께 공동체를 이룬다면 얼마나 멋질까?

그런데 앗!

진짜 중요한 카드가 두 장이나 빠졌어!

**기원과 끝**

이 카드는 가장 중요한 두 장의 카드 중 하나이며, 획득하기가 어렵다. 이 카드를 얻으면 당신의 힘은 무한해진다. 하지만 현명하게 사용하지 않으면 지금껏 발전시킨 모든 힘을 파괴할 수 있으니 주의하라.

"너 자신을 알아라"
가장 중요한 것은 항상 자신을 아는 것이다!
이 카드는 소크라테스의 탐구와 시몬 드 보부아르의 자유를 합한 강력한 힘으로, 완전한 변화를 가능하게 해준다.

**도전 과제:** 지금 가장 중요하게 탐구하는 것은 무엇인가요? 무엇으로부터 자유로워지고 싶나요?

## 시간 여행하기

우리는 폴라네 마당으로 우르르 몰려갔어. 그리고 우리가 만든 카드 한 벌을 타임캡슐에 넣었어. 우리 말고도 엄마, 폴라 아빠, 가르시아네 쌍둥이의 할아버지와 할머니도 함께 했어. 난 내가 가장 사랑하는 고양이와 강아지도 함께 데려갔어.

그런데 캡슐을 묻을 장소가 마땅치 않았어. 우리가 처음 택한 장소는 물이 흥건했어. 스프링클러 헤드가 부러져있었기 때문이야.

두 번째 장소는 폴라의 강아지 마이크가 좋아하는 장소였어. 구덩이를 파자마자 마이크가 냉큼 뼈를 물고 달려왔어. 마이크는 구덩이 속에 뼈를 숨기고 그 위에 털썩 엎드렸지. 하는 수 없이 이번에도 포기!

마당 귀퉁이에 있는 커다란 나무 밑이 적당해 보였어. 우리보다 훨씬 오래 살아온 그 나무는 뿌리가 어마어마할 거야. 그 뿌리 역시 살아있는 타임캡슐이라고 부를

수 있지 않을까? 까마득히 먼 역사를 다 기억하고 있을 테니까.
캡슐을 묻으려는데, 폴라 아빠가 이런 중요한 순간에는 몇 마디 해야 하는 거라고 말했어. 난 말하는 것보다 글쓰기를 더 좋아하지만 용기를 내 이렇게 말했지.

10년 후, 우리는 다시 모여
이 타임캡슐을 열 거예요.
이 놀라운 상자, 정의와 자유의
상자를 열게 될 거예요.
그리고 10년 후에도 생각과 놀이를
멈추지 않는 게 얼마나
중요한 것인지 잊지 않을 거예요.

# 감정을 담은 단어

## 어원을 찾아 배우기

철학에 나오는 단어들이 어렵다고 느꼈니? 그런데 그 말이 어떤 의미의 단어에서 비롯됐는지 알면 이해하기 쉬워. 그래서 어원을 알아야 해. 어원학은 단어의 기원을 연구하는 학문인데, 이 단어가 어디에서 왔는지, 그 의미가 어떻게 만들어졌는지 알 수 있어.

**느끼다 Feel**: 지각하다, 감각적 경험을 하다, 정신적으로 지각하다는 뜻의 고대 영어 단어 **felan**에서 유래했다. 즉 느낌이라는 단어는 몸과 마음 모두 지각한다는 의미가 담겨 있다. 우리는 신체를 통해 무엇을 느끼는데, 그 감각을 통해 생각을 하게 된다. 인간의 몸과 마음은 분리된 것이 아니다. 사람은 온몸으로 생각한다.

**공공 Public**: 공적이라는 뜻의 라틴어 **públicus**에서 유래한 단어이다. 어떤 일이 공식화되는 것과 관련된 이 단어는 페미니스트 철학자 시몬 드 보부아르의 말, "삶은 우리가 말하는 대로 현실이 된다"를 떠오르게 한다. 공공이란 국가나 사회 구성원에게 두루 관계되는 것이다.

**동의하다 Consent**: 함께 느끼다는 뜻을 가진 라틴어 **consentire**에서 유래했다. 느낌의 뜻이 몸으로 생각하는 것이라면, 동의는 함께 생각하고 결정하는 것이다. 사물의 근원을 탐구했던 자연철학자들도 이 단어를 알았다. 그러나 이 단어를 가장 중요하게 생각한 철학자는 소크라테스이다. 그의 철학이 공동 합의를 추구했기 때문이다. 아고라에서 동의를 구하는 모습을 상상해보라!

**공감 Empathy**: 공감은 영어로 **empathy**라고 하는데, 이건 고대 그리스어 **empatheia**에서 유래한 단어이다. 원래는 애정 표현 또는 사랑하는 사람과 함께 있고 싶은 마음을 의미하지만, 보통 진심을 다해 다른 사람의 입장이 되어 보는 감정이다. 즉 다른 사람의 기분과 감정을 나도 같이 느끼는 것이다. 우리와 다른 사람을 차별하지 않는 마음이 공감의 바탕이다.

**아고라 Agora**: 모이다 또는 광장을 뜻하는 그리스어 **agora**에서 유래했다. 여기에는 두 가지 중요한 의미가 있다. 하나는 회의 그 자체를 뜻하는데, 여러 사람이 집단으로 모여 토론하는 것을 말한다. 또 다른 하나는 공공의 권리를 위해 개방된 장소를 의미한다.

**마푸체Mapuche**: 지구를 뜻하는 mapu와 사람을 뜻하는 che가 합쳐진 마푸체어에서 유래했다. 이 단어는 지구에서 온 사람들을 의미한다. 마푸체족과 다른 부족 사람 각각 두 명이 함께 지내면 각자의 차이점 덕분에 서로 더 많은 것을 배울 수 있다. 그래서 상대방을 인정하는 것은 매우 중요하다. 인간을 개별적 존재 이상으로 만들며, 각각의 차이점 덕분에 도리어 성장하기 때문이다. 또한 인간을 보다 포용적인 사람으로 만든다.

**사람Person**: 극장에서 연기하는 가면이라는 뜻의 그리스어 prósopon에서 비롯된 라틴어 persona에서 유래했다.
사람이라는 단어가 왜 가면을 뜻하는 그리스어에서 시작되었을까? 당시 그리스 극장은 너무 커서 연기자의 목소리가 잘 들리지 않았다. 그래서 각 캐릭터의 감정을 가면으로 표현했다고 한다. 다른 사람을 향해 드러내는 우리의 감정을 성격personality이라고 부르는 것도 같은 이유이다.

**감정Emotion**: 제거하다, 움직이다를 의미하는 라틴어 emotio와 emovere에서 유래했다. 감정은 인간의 내면을 의도적으로 움직이는 감각이다. 심심할 때, 무엇인가가 갑자기 나를 놀라게 하면 지루함에서 벗어난다. 그때 감정이 움직였다는 것을 느낄 수 있다.

**지루하다Bore**: 구멍을 뚫는다는 뜻을 가진 고대 영어 borian에서 유래했다. 끝없이 똑같은 움직임으로 구멍을 뚫는다고 상상해보라. 지루하고 지루하다. 보통 할 일이 없거나 아무것도 하지 않는 느낌을 싫어하지만 지루함은 좋은 것일 수도 있다. 지루함 덕분에 새로운 것을 생각하고 상상하고 창조할 수 있다.

**상상하다/이미지Imagine/Image**: 재현, 초상화, 모방을 의미하는 라틴어 imago에서 유래했다. 상상력은 인간이 가진 매우 신비한 능력이다. 그것은 우리가 인식한 것을 모방하고, 그것을 혼합해 새로운 것을 창조하는 아름다운 능력이다.